(NARA, collection particulière)

Chance Vought
F4U CORSAIR

Bruno PAUTIGNY
Profils couleur de Nicholas GOHIN

HEIMDAL

CORSAIR
une légende voit le jour

À LA FIN DES ANNÉES TRENTE, redresser la situation économique constitue le principal souci des États Unis. Malgré les tensions et les désirs de conquête non dissimulés émanant de l'Allemagne, F. D. Roosevelt et son gouvernement refusent de s'engager militairement en Europe.

Ci-contre.
Une rare photo en couleur représentant le XF 4U-1 en vol sous un très bel angle de vue. Les surfaces supérieures des ailes sont peintes en jaune, comme pour bon nombre de chasseurs américains de la fin des années trente, tandis que la cocarde à étoile est dotée de son disque rouge en vigueur jusqu'en mai 1942. Cette dernière est appliquée en quatre points sur les ailes, le fuselage du prototype ne l'ayant jamais arborée. À noter l'extrémité des pales d'hélice agrémentées de trois bandes colorées, bleu marine, jaune et rouge, ainsi que le carter du moteur rouge orangé.

Page précédente, en bas.
Un cliché du NACA connu, daté de 1940, mais qui a le mérite de montrer le XF 4U-1 pleinement de profil. Le design n'est pas très gracieux mais préfigure malgré tout les belles lignes du futur F4U-1. La pièce de forme tubulaire située à l'extrémité du cône arrière de l'appareil fait sans doute partie d'un système provisoire de crosse d'appontage. *(NACA)*

Ci-dessous.
Le prototype saisi sous un angle très avantageux, L'hélice Hamilton standard est revêtue d'une peinture gris clair, alors que la face interne des pales est recouverte de peinture noire qui évite d'éventuels reflets aveuglants pour le pilote.

La perspective d'un conflit mondial n'en inquiète pas moins à juste titre les représentants américains, car le réarmement immodéré de l'Allemagne signe une violation du Traité de Versailles.

Son désir de neutralité n'empêche pas l'Amérique de rester vigilante; les militaires, et la Marine en particulier, ont toutes les raisons d'imaginer que l'escalade d'un conflit géopolitique à l'échelle mondiale les amènera inévitablement à se battre dans le Pacifique.

Considérant que son matériel est performant, mais sans doute voué à une obsolescence rapide, la Marine décide de moderniser la flotte de ses avions embarqués et fait donc appel à plusieurs fabricants aéronautiques pour concevoir un nouveau chasseur.

Les débuts

À l'époque, le monde de l'aéronautique délaisse le bon vieux moteur radial pour se tourner vers des moteurs en ligne. Grâce à son plus faible encombrement frontal, la configuration longitudinale permet d'élaborer des avions plus fins, plus racés, avec une meilleure pénétration dans l'air et donc une vitesse supérieure, un facteur non négligeable, voire impératif, pour un chasseur moderne.

Malgré l'excellence de cette formule, la marine américaine avance des arguments tout aussi valables: « simple », refroidi par air et facile à mettre en œuvre, le moteur en étoile implique surtout, vu les rudes conditions de vie des avions embarqués, une maintenance moins laborieuse et moins compliquée que les moteurs refroidis par liquide.

Le moteur longitudinal (à eau) met en outre plus longtemps à recouvrer une température normale que les moteurs en étoile directement « ouverts » à l'air ambiant. La configuration radiale fut finalement adoptée, mais à condition que ces mécaniques de nouvelle génération rivalisent en performances avec les « longitudinaux ». Le motoriste Pratt & Whitney semblait détenir une telle « bête » dans ses cartons...

L'encombrement constituait une autre problématique d'importance. Doté d'un puissant moteur, l'appareil n'en devait pas moins être de dimensions très réduites pour trouver place sur les porte-avions.

Un vrai défi pour les constructeurs lancés dans l'aventure. Vought-Sikorsky Aircraft (V.S.A.) finira par remporter ce challenge avec son projet V.166B soumis à la Marine.

Un projet baptisé V.166B

Constructeur à l'expérience confirmée dans le domaine tant civil que militaire, Pratt & Whitney voit sa motorisation retenue.

Toujours au stade de prototype, le XR 2800 Double Wasp développe pas moins de 1850 CV, une puissance qui représente déjà une première mondiale pour un moteur radial et qui sera à l'origine d'une batterie de records.

Une hélice à la hauteur

Quelle hélice permettrait de transformer cette capacité peu commune en puissance utile? Une tripale métallique de 4,064 mètres, développée par le fabricant Hamilton Standard! Ce deuxième record mondial posa un nouveau problème: avec un tel diamètre, il fallait que l'oiseau soit « haut sur pattes ». De grandes jambes de train s'imposèrent donc, mais leur fragilité s'avérait en contradiction avec l'un des critères requis pour un avion embarqué, à savoir un train capable d'encaisser des atterrissages aussi courts que musclés. Les marins jugèrent cette garde au sol digne d'un échassier rédhibitoire.

Un profil d'aile inédit

Vought-Sikorsky Aircraft remédia à cet inconvénient de taille en concevant une aile au dièdre en forme de « W » inversé à la fois surprenant et révolutionnaire.

Le pilote d'essai, verrière ouverte, « présente » les lignes du XF 4U1 (qui ne s'appelle pas encore Corsair) à l'objectif du photographe de l'appareil accompagnateur. Le capot du prototype est armé d'un curieux duo composé d'une mitrailleuse de calibre 30 (7,62 mm) et d'une mitrailleuse de calibre 50 (12,7 mm), tandis que chaque aile a reçu une mitrailleuse de calibre 50.

Page ci-contre, de haut en bas. Pour l'époque, le design de ce prototype devait passer pour avant-gardiste. Ces trois photographies permettent d'observer le XF4U1, qui ne s'appelle pas encore Corsair, sous tous les angles. De cette allure un peu pataude découlera pourtant une lignée d'appareils, dont l'esthétique élégante et racée, a grandement contribué à la légende. *(Vought)*

1443
XF4U-1
U.S.NAVY

XF4U-1
1443
U.S.NAVY

Les jambes verraient leur longueur réduite par un assemblage au point le plus bas du plan fixe. Une fois repliée, la seconde partie de l'aile articulée résoudrait en outre la question de l'encombrement. Rendus plus courts, donc plus robustes, les trains apportèrent alors entière satisfaction aux exigences de la Marine.

Le prototype XF4U-1

En février 1939, une maquette en bois à l'échelle 1 relativement élaborée puisque déjà soumise à des essais en soufflerie fut présentée aux responsables de l'US Navy. La commission d'experts de la Marine donna alors son aval pour lancer la construction d'un prototype.

Le premier vol, épreuve angoissante s'il en est, se déroula le 29 mai 1940. L'avion, qui ne porte pas encore le nom de Corsair, franchit brillamment les étapes des vols d'essais.

Les remarquables résultats enregistrés effacèrent les doutes formulés par les partisans du moteur en ligne : le XF4U-1 atteignit des vitesses de pointe de l'ordre de 650 km/h, surpassant ainsi les autres chasseurs américains.

Un second prototype, issu du premier avion détruit en partie lors d'un crash au mois de juillet 1940, battit le record mondial de vitesse en affichant 652 km/h à basse altitude. Paré de sa belle livrée aux teintes métallisées et jaunes, le prototype XF4U-1 prélude déjà la future silhouette incomparable du Corsair en dépit de son allure trapue, si caractéristique des aéronefs de l'entre-deux-guerres.

Avec son insolite aile de mouette inversée et percée de deux entrées d'air pour refroidir le circuit d'huile et les carburateurs, il se distingue pourtant de ses successeurs par bien des côtés.

Déjà repliables, les ailes emportent les réservoirs de carburant et se caractérisent par la présence de flotteurs qui, en cas d'amerrissage forcé, se gonfleraient automatiquement à la manière d'un dinghy pour que l'appareil puisse se maintenir à la surface des flots. Une option compliquée qui sera très vite écartée.

Développant 1850 CV, le moteur XR2800-4 entraîne l'énorme hélice tripale de 4,064 mètres !

L'armement comprend deux mitrailleuses de capot de calibre 30 (7,62 mm) et deux mitrailleuses d'ailes de calibre 50 (12,7 mm).

Notons qu'il fut également envisagé d'équiper l'appareil de deux canons Madsen de calibre 23 mm, un projet néanmoins abandonné pour des raisons d'encombrement.

Les deux curieuses soutes des ailes abritaient des bombes à fragmentation qui devaient être larguées au sein des formations de bombardiers ennemis, l'accroche visuelle s'effectuant par le biais d'une vitre en goutte d'eau située sous le fuselage, d'où l'absence de plancher, les jambes du pilote prenant appui sur des gouttières.

Cette vitre d'observation en lieu et place de plancher sera installée jusqu'au modèle F4U-1D.

Des défauts subsistent

S'agissant des défauts, les arceaux métalliques de la verrière entravaient largement la vision du pilote. Autre inconvénient, et non des moindres : à faible vitesse d'atterrissage, l'appareil avait fâcheusement tendance à « embarquer » vers la gauche...

L'ajout d'un petit spoiler sur le bord d'attaque de l'aile droite remédiera ensuite nettement à ce handicap. Satisfaite, mais estimant que des améliorations pouvaient encore être apportées, l'US Navy autorisa quand même le lancement du programme de construction et adopta le nom de Corsair, qui deviendra légendaire.

Le XF4U-1, prototype d'un appareil qui allait devenir une légende. De cette ébauche un peu grossière, découleront pourtant les lignes d'un des avions les plus racés de l'histoire de l'aviation. Le revêtement des surfaces est partiellement recouvert de peinture gris argenté tandis que les ailes sont recouvertes de jaune, schéma en vigueur pour les appareils américains d'avant-guerre.

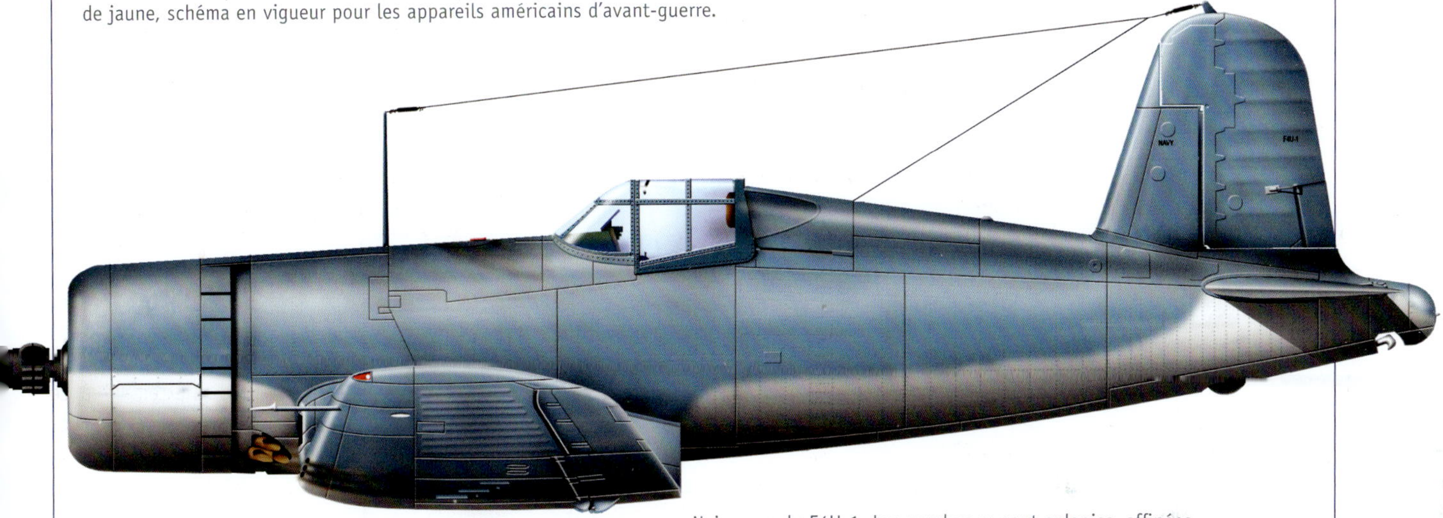

Naissance du F4U-1. Les courbes se sont aplanies, affinées, et l'allongement de plus d'un mètre du fuselage accentue nettement l'élégance du dernier-né de l'avionneur Vought. La verrière coulissante aux nombreux montants et traverses lui vaudra le surnom de « Birdcage ». Le bossage incluant le rétroviseur n'est pas encore adopté.

La Navy prend possession de ses premiers appareils en juillet 1942, soit un an après la signature de la première commande. Le F4U-1 porte désormais l'appellation officielle de « Corsair ». Le camouflage en deux tons de gris se compose de *non specular blue grey* M.485 et *non specular light grey* M.495, un schéma en vigueur jusqu'au 5 janvier 1943. Les marquages de nationalité sont alors appliqués en six points, quatre sur les ailes et deux sur le fuselage.

La cellule de ce F4U-1 flambant neuf s'apprête à subir de nombreux essais en soufflerie. Afin de faciliter l'écoulement de l'air, le nez de l'appareil est garni d'un énorme cône de pénétration. À noter les parties mobiles et certaines lignes de structures recouvertes de ruban adhésif. *(Vought Sikorsky)*

Activité fébrile autour d'une cellule pratiquement achevée de F4U-1. Les plans externes de la voilure ont déjà reçu leur étoile de nationalité, alors que le fuselage, pas encore apprêté ni peint, en est dépourvu. *(Vought Sikorsky)*

Un bel alignement de futurs Corsair à verrière Birdcage sur cette chaîne de montage se trouvant probablement sur le site de la Vought Sikorsky Aircraft Division basée à Stratford, dans le Connecticut. C'est là que le prototype fut également conçu et que 7 829 Corsair furent produits de 1940 à 1952. *(Vought Sikorsky)*

Ci-dessus et ci-contre, à gauche. Ces beaux clichés, réalisés à des fins promotionnelles, sont datés de 25 juin 1942 et représentent le chef pilote Boon T. Guyton s'apprêtant à prendre les commandes d'un F4U-1 de début de production, encore en phase de test.

Ci-dessus, à droite. Quel que soit l'angle de prise de vue, le F4U-1 Birdcage offre des lignes d'une grande élégance. Il est revêtu du camouflage alors en vigueur, composé de gris bleu (non specular blue gray M.485) pour les surfaces supérieures et de gris clair (non specular light gray M.495) pour les surfaces inférieures. L'exception concerne le dessous des sections repliables des ailes, peintes en gris bleu, car considérées comme des surfaces supérieures une fois repliées.

Ci-contre. Curieusement, cette belle photo a été présentée durant des années à l'envers sans que cela interpelle les « spécialistes ». Elle est ici dans le bon sens, le mât d'antenne et la sonde Pitot retrouvant leur bonne implantation.

Dans ce cliché, pris en Virginie à l'aplomb de la Naval Air station de Norfolk, le décor nuageux forme un bel écrin pour ce Birdcage. Une configuration peu habituelle, avec le phare d'atterrissage déployé.

Après de très nombreux tests, et l'accord de la Navy une fois signé, le F4U-1 peut enfin entrer en production. Notre sujet « bon de guerre », partira sans doute prochainement pour le Pacifique.

Un F4U-1 flambant neuf arborant le nouveau schéma de camouflage correctement appliqué. On peut penser que le cliché date d'avant juin 1943, les étoiles étant, certes, portées en quatre points, mais pas encore pourvues de barres.

Tout en haut et en bas.
Cet appareil revêt le schéma de camouflage du début de série, composé de gris bleu et de gris clair. L'étoile est portée en six points, une configuration adoptée jusqu'en janvier 1943.

Ci-contre.
Ce Birdcage adopte la livrée trois tons bleu marine, bleu intermédiaire et blanc. L'étoile et ses barres sont liserées de rouge, suivant les directives en vigueur de juin à août 1943. À noter l'absence de crochet sur la crosse d'appontage, ainsi que du dernier élément du cône de la pointe arrière.

CORSAIR F4U-1 « At War »

LA PRODUCTION DU F4U-1 DÉBUTE par conséquent moyennant de nombreuses modifications et améliorations radicales dérivant des résultats prometteurs du XF4U-1.

Composé au départ de quatre mitrailleuses, l'armement passe à six Browning M2 de calibre 50 (12,7 mm) installées dans les ailes. Chacune des mitrailleuses centrales et intérieures est alimentée par un magasin de 400 cartouches, les deux autres (extérieures) disposant de 375 cartouches.

Exit les soutes à bombes à fragmentation, tout comme les ballons gonflables garantissant le maintien à flot de l'appareil en cas d'amerrissage. Sous chaque aile, un point d'emport de charge peut accueillir une bombe de 45 kg.

Le fuselage reçoit un énorme réservoir auto obturant à l'avant du cockpit, d'où le recul de ce dernier de 91 cm et, du même coup, l'élimination des réservoirs, désormais superflus, situés dans les ailes, de part et d'autre du fuselage rallongé pour sa part de 9,73 m à 10,16 m.

Un profil élégant

Ainsi modifié, l'appareil commence à revêtir sa ligne d'une grâce incomparable.

Le nouveau dessin de la verrière (de type Birdcage, toujours) accroît la visibilité, un atout qu'annule cependant la plus grande longueur du fuselage.

Le périscope d'origine cède la place à un rétroviseur installé dans un bossage à l'avant du dessus de la verrière coulissante. L'ajout de deux vitres de chaque côté du fuselage, derrière le siège du pilote, améliore la visibilité arrière.

Le confort du pilote n'est pas en reste: plus spacieux, le cockpit constitue un espace blindé, avec un pare-brise doublé d'une vitre à l'épreuve des balles.

Le mécanisme de rétraction des jambes de train est remanié et la roulette de queue, ainsi que la crosse d'appontage, sont entièrement redessinées.

Un P & W R2800 huit développant 2 000 CV se substitue à la motorisation du prototype.

Dans l'incapacité d'assurer une production suffisante, Chance Vought confiera la fabrication du F4U-1 à la firme Goodyear Aircraft et à la société Brewster, sous la dénomination respectivement de FG 1 et F3A 1.

Très belle photographie prise dans une atmosphère hivernale, montrant des F4U-1 Birdcage de début de série, flambant neufs et sous bonne garde. Le lieu de production n'est pas identifié. *(DR)*

Ce F4U-1 N° 9 de la VMF-213 « Hell Hawks », vu dans les îles Salomons en juin 1943, était la monture du *Maj.* Gregory J. Weissenberger, nouveau CO de cette unité et remplaçant le *Maj.* Wade Britt, disparu dans un accident. Cinq victoires.

Cet appareil portant le N° 7 du *Capt.* James N. Cupp, de la VMF-213 « Hell Hawks », arbore le surnom de Daphne « C », en l'honneur de son épouse. Ce Corsair a revêtu trois numéros différents, le 15, le 13 et le 7, durant sa carrière opérationnelle. 12 victoires.

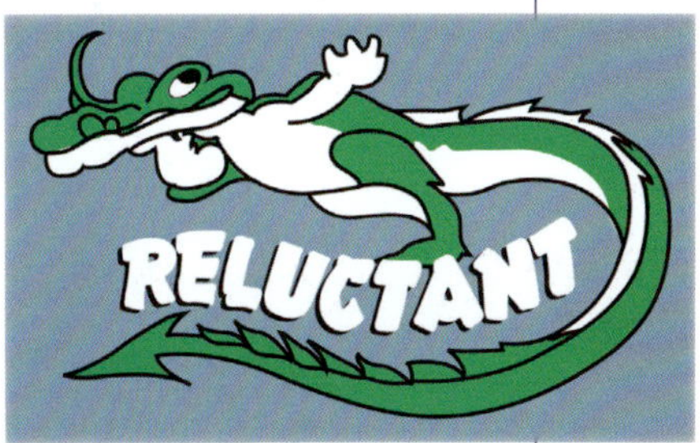

Vu à Guadalcanal en juillet 1943, ce F4U-1 N° 1 « Reluctant Dragon » de la VMF-213 « Hell Hawks » est l'appareil du *1st Lt.* Alonzo B. Treffer. Le nose-art très élaboré, dans le style « cartoon », représente un saurien à l'allure de dragon.

Ce N° 10 « Gus's Gopher » (inscription figurant sur le côté droit du capot) est la monture du *Lt.* Wilbur J. Thomas, pilote le plus « capé » de la VMF-213 « Hell Hawks ». L'appareil représenté ici, orné d'un geomys, ou gauphre (*gopher*, en anglais) inspiré d'un dessin des studios Disney, n'est flanqué que de 8 marques de victoire. 18,5 victoires.

Le Birdcage Daphne « C » N° 15 du *Capt.* Cupp, déjà vu plus haut, apparaît ici sous son dernier numéro. À noter le marquage de la dernière victoire de ce pilote. Cupp remporta 4,5 victoires en une seule sortie. 12 victoires.

Le Corsair N° 11 surnommé « Defabe » et agrémenté d'une paire de dés est l'appareil du *1st Lt.* George C. Defabio, officier des opérations de la VMF-213 « Hell Hawks » à Guadalcanal en 1942. Trois victoires.

F4U-1 N° 908 du *1st Lt.* Donald H. Fisher appartenant à la VMF-214 « Black Sheep » stationnant dans les îles Salomons en 1943. Les marquages de nationalité ont reçu les nouvelles barres blanches appliquées sur le terrain.

Ce N° 13 est une des montures du *Lt.* Kenneth Walsh en septembre 1944. Walsh fut le premier as sur Corsair et le troisième Top Scorer du corps des Marines, derrière Hanson (25 victoires) et Boyington (22 victoires). 21 victoires.

Birdcage N° 20 de la VMF-213 « Hell Hawks » dont le nose-art très élaboré représente le pygargue à tête blanche, aigle américain symbolisant les États- Unis. C'est à bord de ce F4U-1 de première génération que son pilote, le *Lt.* Foy Ray Garison, disparaîtra prématurément le 17 juillet 1943.

1. Apportage parfait d'un F4U-1 de la VF-17 sur le « deck » de l'*USS Bunker Hill* en 1943. La présence du petit « drapeau noir », dûment flanqué de son crâne et de ses tibias croisés, est due à John T. Blackburn, commandant le *Fighting Squadron 17*, qui souhaitait un insigne reflétant l'état d'esprit de ses hommes et renvoyant aussi à la piraterie. D'où la création du « Jolly Rogers » porté de part et d'autre du capot moteur.

2. Décollage d'un Birdcage de la VF-17 « Jolly Rogers » depuis l'*USS Bunker Hill*. Cette unité fut la deuxième à percevoir le nouveau chasseur durant l'été 1942 à Norfolk, en Virginie. Le F4U-1 embarqué n'était pas un avion facile. C'est grâce aux pilotes de la VF-17 que des améliorations furent apportées, comme le petit spoiler ajouté sur l'aile droite, réduisant considérablement la tendance du Corsair à « embarquer ».

3. Apportage mouvementé sur l'*USS Bunker Hill* pour ce pilote de la VF-17. La mauvaise visibilité induite par la verrière aux nombreux montants gênait considérablement les pilotes et fut à l'origine de nombreux accidents.

4. F4U-1 Birdcage de la VF-17, ailes repliées, s'apprêtant à rejoindre un des hangars de l'*USS Charger*. On peut noter sous l'aile, le support de bombes ne pouvant emporter que des charges légères.
(Toutes photographies USN)

17-F-22

F4U-1 Birdcage du *Lieutenant* Jim Halford de la VF-17 sur le pont de l'*USS Bunker Hill*. Le flanc de l'appareil arbore quatre victoires, même si l'as en avait précédemment obtenu quatre autres à Guadalcanal, mais aux commandes de F4F Wildcat. *(USN)*

7-F-13

Ce 17-F-3 de la VF-17 « Jolly Rogers » embarqué sur l'*USS Bunker Hill* sera le premier appareil de l'*Ens.* Frederick J « Big Jim ». Streig en juillet 1943. 5,5 victoires.

Le *Lt.* James A. Halford de la VF-17 « Jolly Rogers » utilisa cet appareil durant l'année 1943, dans les îles Salomons. 3,5 victoires.

F4U-1 N° 31 de la VMF-222 « Flying Deuces » basée dans les îles Salomons de septembre 1943 à juin 1945. Le pilote de ce Birdcage est le *Maj.* Donald H. Sapp. À noter le pourtour bleu clair de la cocarde, une couleur de transition entre le rouge et le bleu *insignia blue.* 10 victoires.

Le F4U-1 N° 22 au nose-art très élaboré « Arkansas Traveler » de la VMF-222 « Flying Deuces », présente dans les îles Salomons de septembre 1943 à juin 1945, est l'appareil du *Lt.* Reid. Les flancs du fuselage ont reçu de nombreuses retouches de peinture.

Le *1st Lt.* John Bolt Jr. pilota ce N° 52 de la VMF-214 « Black Sheep », basée dans les îles Salomons de juin 1943 à janvier 1944. Les barres blanches ont été ajoutées de part et d'autre de l'étoile de nationalité, mais sans le pourtour qui sera plus tard officiellement en vigueur. Six victoires.

Le N° 93 est un F4U-1 de la VMF-214 « Black Sheep », vu ci en janvier 1944 à Ondonga et piloté par le *Capt.* Edwin L. Olander. L'appareil conserve encore, malgré les nouvelles directives, ses marquages au pourtour rouge. Cinq victoires.

Sur la base de Munda, un F4U-1 de la VMF-215
« Fighting Corsairs » dont le pilote rentre tout juste de mission.
Ce dernier, le *Major* Robert G. Owens, commanda cette unité
du 6 décembre au 27 février 1943. À noter le pourtour
de la cocarde, probablement bleu clair, recouvrant la teinte
rouge originale.
(USMC)

75

1. L'état d'usure des surfaces de ce F4U-1 de la VMF-215 « Fighting Corsairs » illustre clairement l'effet des affres climatiques, ajouté à la nature très abrasive des sables de Munda. Durant leur périple d'avril 1943 à octobre 1944, les pilotes de cette unité remportèrent 135, cinq victoires. Dix de ses hommes accédèrent au statut d'as, mais quatre d'entre eux disparurent au combat ou par accident.

2. Alignement de F4U-1 de la VMF-124 « Wild Aces » précédemment dénommée « Death's Head », basée à Guadalcanal, aux Salomons, de février à septembre 1943. Le tableau de chasse de cette unité recensa 82 victoires et compta trois as, dont le célèbre Ken A. Walsh revendiquant 20 appareils.

3. Sur le sol de Vella Lavella, un Birdcage de la VMF-222 « Flying Deuces ». Un mécanicien brasse avec peine l'immense l'hélice afin de bien répartir l'huile dans chaque cylindre avant le démarrage électrique. Cette unité comptabilisa 53 victoires et deux as.

4. Un cliché connu, mais très intéressant, représentant un appareil de la VMF-215 « Fighting Corsairs » agrémenté d'un large « Spirit of 76 », cette décoration étant portée sur le flanc arrière droit, une configuration inhabituelle, voire unique.
Cet appareil était une des montures du *Major* Robert G. Owens, un des « patrons » de cette unité en 1943.
(Toutes photogaphies USMC)

Le *Maj.* Robert G. Owens commanda la VMF-215 « Fighting Corsairs » du 6 décembre au 27 février 1943. Il pilotera le « Spirit of 76 », qui ne lui est pas attribué, lors d'une seule mission à Munda, dans les îles Salomons, durant l'été 1943. Sept victoires.

Ce N° 75 est la monture attribuée au *Maj.* Robert G. Owens de la VMF-215 « Fighting Corsair ». Le pourtour de la cocarde de fuselage est peint dans le bleu clair de transition, tandis que les marquages d'ailes n'ont reçu que les barres blanches. Sept victoires.

C F4U-1 N° 61 de la VMF-112 « Wolfpack » est piloté par le *2nd Lt.* John B. Maas à Guadalcanal en juin 1943. À noter, sur le plan fixe de la dérive, l'insigne de l'unité représentant une tête de loup. 5,5 victoires.

Autre monture de l'as Kenneth A. Walsh, qui pilota ce N° 114 au sein de la VMF-124 « Black Sheep » à Munda en 1943. 21 victoires.

Appareil du *2nd Lt.* Hartwell V. Scarborough N° 531 de la VMF-214 « Black Sheep » dans les îles Russell en août 1943.
L'étoile de nationalité n'est pas encore flanquée de ses barres blanches. Cinq victoires.

Le N° 475 du *1st Lt.* John F. Bolt de la VMF-214 « Black Sheep » vu en septembre 1943. Bolt participera à la guerre de Corée où il obtiendra encore six victoires, portant le score total de sa carrière à 12 victoires. Six victoires.

1. F4U-1 de la VF-10 « Grim Reapers », ailes repliées, en maintenance dans un hangar de l'*USS Enterprise*. L'appareil arbore le camouflage deux tons en vigueur jusqu'en janvier 1943. Au-dessus de notre sujet, dans un filet de cordes, les éléments d'un Corsair non assemblé. *(USMC)*

2. Décollage mouvementé pour ce pilote des marines luttant contre un amalgame de sable, d'eau et de poussière de corail. Il est intéressant de noter, sur cet appareil de la VMF-124, la simulation de la présence d'une quatrième mitrailleuse sur chaque aile, les trappes du train principal repeintes d'une teinte foncée, et leurs N° 7 représenté dans un lettrage différent. L'énoncé du nose-art est malheureusement illisible. *(USMC)*

3. Birdcage de la VF-10 « Grim Reapers » à bord de l'*USS Enterprise*, en 1943. Cet appareil de début de série arbore encore les étoiles portées en six points, deux pour le fuselage et quatre pour les ailes. À noter le numéro de l'avion répété sur chaque aile. *(USN)*

4. F4U-1 de la VMF-213 « Hell Hawks » vu ici sur le point d'être catapulté du pont de l'*USS Copahee* croisant au large de la Nouvelle-Calédonie le 29 mars 1943. Cette unité compta sept as et totalisa 113 victoires. *(USMC)*

3

4

Cette vue aérienne d'appareils de la VMF-222 « Flying Deuces » est très intéressante, car on peut voir l'évolution des marquages conformément aux directives imposées, mais surtout leur interprétation, très libre, sur le terrain. Pour les deux derniers, l'aile supérieure droite a été débarrassée de son étoile et les barres blanches ont été rajoutées. En revanche, leur pourtour est de couleur différente, rouge pour l'un et bleu clair pour l'autre.
Les deux appareils du premier plan ont conservé leurs marquages d'origine en huit points avec, sur les ailes, des pourtours clairs, là encore de différentes couleurs, probablement rouge et bleu clair.
À noter que ces retouches ont été réalisées à la hâte, notamment pour le N° 101, et que l'état de surfaces des appareils semble particulièrement fatigué. *(USMC)*

CORSAIR F4U-2
le « Corsair nocturne »

AVANT MÊME L'ENTRÉE EN GUERRE des États Unis et comme toutes les forces aériennes belligérantes, la Marine américaine pensait que se doter d'appareils de chasse nocturne était une nécessité absolue.

Dans le mois précédant le « jour de l'infamie », l'US Navy sollicita donc Vought pour que certains Corsair soient adaptés à cette fin. Le F4U-2 résulta non pas d'une conception spécifique, mais d'une évolution de la cellule du F4U-1. Jugeant prioritaire de fournir un maximum de chasseurs traditionnels au début du conflit, Vought relégua le programme du F4U-2 au second plan et le confia au fabricant Naval Aircraft Factory, qui produisit un total de 32 appareils. Les mécaniciens du corps des Marines de la VMF (N) 532 en transformeront deux autres sur le terrain.

« Vision nocturne »

L'aile droite reçut un radar AIA de faible encombrement et se vit privée d'une mitrailleuse pour compenser le supplément de poids. Un écran situé au centre de la planche de bord transmettait les informations au pilote. L'éclairage de l'intérieur du cockpit reposait sur une lumière rouge indirecte. Outre l'intégration d'un système de pilotage automatique, deux antennes reliées au radio altimètre furent ajoutées sous le fuselage, et une unité VHF *(Very High Frequency)* vint remplacer l'habituelle unité HF.

L'adoption d'un générateur plus puissant permit d'alimenter tous ces systèmes en électricité, une écope sur le flanc avant droit de l'appareil assurant son refroidissement. De longs cache-flammes furent par ailleurs installés à la sortie des tubes d'échappement pour éviter l'éblouissement du pilote.

Toutes ces interventions se soldèrent par une augmentation de poids que compensèrent l'élimination de la mitrailleuse précédemment évoquée, un approvisionnement en cartouches « allégé », sans oublier la disparition de la crosse d'appontage sur les appareils fournis aux Marines et basés au sol.

Plusieurs appareils bénéficièrent de la roulette de queue rehaussée généralement présente sur les F4U-1A et D.

Si les F4U-2 arboraient en principe la livrée bicolore (*non specular blue gray* et *non specular light gray*), certains d'entre eux revêtirent le nouveau schéma de camouflage trois tons (*non specular sea blue, non specular intermediate blue* et *non specular white*).

Une couche supplémentaire de peinture foncée (noir ou mélange de noir et d'*insignia blue*) aurait été appliquée (sous toute réserve...) sur les flancs du fuselage de certains appareils de la VF (N) 101, l'absence de code satisfaisant par ailleurs au besoin de les rendre encore moins visibles la nuit.

Dans les coulisses de l'histoire

L'histoire du F4U-2 fait figure de parent pauvre dans la littérature qui a en revanche largement traité les faits d'armes de tous les modèles de Corsair.

L'introduction inopinée de ce prédateur nocturne sema la confusion au sein des aviateurs japonais habitués à profiter des faveurs de la nuit pour exécuter en toute impunité des missions de reconnaissance,

F4U-2 de la VMF (N)-532 basée à Roi-Namur, dans l'atoll de Kwajalein des îles Marshall. Le surnom « Shirley June » fut attribué à cet appareil par son pilote attitré, le *Major* Everett H. Vaughan, alors patron de cette unité qu'il commanda du 24 mai au 23 septembre 1943. À noter, l'absence de la crosse d'appontage. *(USMC)*

F4U-2 surnommé « Midnite Cocktail », de la VMF (N)-532. L'avion était habituellement partagé par les lieutenants Charles Canif et Bruce Reuter, mais c'est un troisième pilote, le capitaine Howard H. Bollman, qui abattit un G-4M Betty à bord de cet appareil. Les occasions d'engager un ennemi de nuit étaient rares, et cette unité ne compta que deux victoires à son tableau, la deuxième étant portée au crédit du lieutenant E. Sovik.

F4U-2 de la VMF (N)-532 vu dans les Îles Marshall en 1943, où l'unité était présente de février à juin 1944. On peut observer sur cette vue de, l'installation du radar AIA, de faible encombrement. À noter le cache-flamme des échappements, destiné à éviter l'éblouissement des pilotes lors de leurs missions nocturnes.

Les lieutenants Bonner et Tuttle se partagèrent le F4U-2 « Line Rider », de la VMF (N)-532, lors de leur présence dans l'île de Roi-Namur. La VMF (N)-532 fut basée dans les îles Marshall de février à juin 1943, puis dans les îles Mariannes jusqu'en octobre 1944.

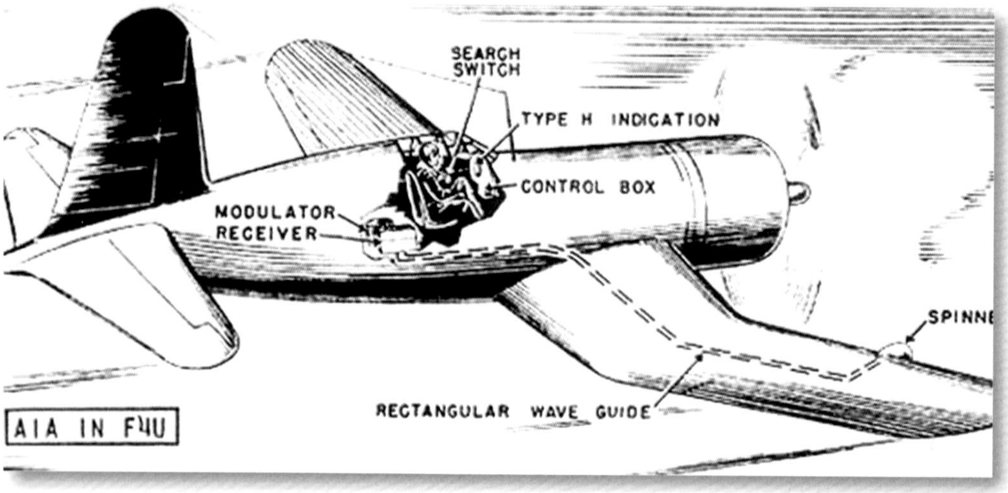

Bel alignement de F4U-2 de la VF (N)-101 embarquée à bord de *l'USS Intrepid* de janvier 1944 à février 1944. On peut remarquer, sur l'aile droite des appareils, l'installation de seulement deux mitrailleuses de calibre 50, une configuration destinée à compenser le supplément de poids impliqué par la présence du radar AIA. À noter, sur l'aile gauche du 1er et du 3e appareil, une seule mitrailleuse sur les trois dont l'orifice est obturé par du ruban adhésif. *(USN)*

de bombardement et de harcèlement des troupes au repos. Les Américains bénéficièrent de nuits plus paisibles dès lors que le F4U-2 assuma sa fonction de rôdeur au-dessus du Pacifique.

Entre autres épisodes connus, rappelons que la première victime japonaise du chasseur de nuit fut un Mitsubishi G4 M « Betty » que le Lieutenant O'Neil, de la VF (N) 75, abattit en deux passes. Deux « rats » (chasseurs ennemis) Mitsubishi Zéro succombèrent quelques heures plus tard aux tirs du *Lieutenant* T. Blackburn. Les Marines ne furent pas en reste avec un Betty tombé sous les coups du Captain H. Bollman.

Bien que restreints en nombre, ces succès réussirent néanmoins à jeter le trouble dans le camp ennemi, en réfrénant les ardeurs des aviateurs, fantassins et sous mariniers nippons qui opéraient jusque-là sans s'exposer à une véritable menace.

Des F4U-2 de la VMF (N)-532 à bord de l'*USS Windham Bay* s'apprêtent à prendre leur envol pour une nouvelle mission nocturne au-dessus de Saipan. L'appareil portant le n° 208, au premier plan, revêt sur son capot un imposant nose-art. Contrairement à leurs homologues de la VF (N)-101, les appareils du *Marine Night Fighting Squadron 532* conservent leur numéro individuel et arborent souvent un nose-art plus ou moins discret. *(SDASM)*

Des F4U-2 probablement de la VN (F)-101 embarquée tout d'abord sur l'*USS Intrepid*, puis sur l'*USS Enterprise* durant l'année 1944. Plusieurs appareils de cette unité auraient reçu sur leurs surfaces supérieures des voiles supplémentaires de peinture sombre, à base de noir ou de bleu (Insignia Blue) mélangé à du noir, mais cette information demeure sujette à caution. *(USN)*

Charles Lindbergh posant avec deux pilotes de la VMF-115 « Joe Jockers ». Au regard de ses anciennes sympathies pour le régime nazi, sa demande d'intégrer l'*Army Air Corps* lui fut refusée. C'est en tant que civil, « consultant » pour Chance-Vought, que Lindbergh fut envoyé dans le Pacifique afin de conseiller les Marines dans le maniement du Corsair, mais aussi pour tirer profit de leur expérience et améliorer à l'avenir les performances de l'appareil.

Ci-contre, de gauche à droite. Photo rare saisissant le célèbre et controversé *Major* Gregory « Pappy » Boyington, as de la VMF-214 « Black Sheep » aux 22 victoires, qui semble très éprouvé après une énième mission. Boyington revendiqua lui-même 28 victoires, six ayant été obtenues lors de son périple en Birmanie, mais ces dernières demeurent sujettes à caution.

Sous le soleil de Guadalcanal, en 1943, Le *1st Lt.* James. N. Cupp, as aux 12 victoires de la VMF-213 « Hell's Hawks », pose fièrement devant son F4U-1 surnommé « Daphne C » par référence à son épouse. Abattu et gravement brûlé, Cupp ne sera de nouveau valide qu'à la fin des hostilités.

Spectacle de mime, pour ces pilotes précédemment de la VMF-214 « Black Sheep », assignés désormais à la VMF-211 « Wake Avengers ». De gauche à droite, Bob Mc CLurg, as aux sept victoires, Jim Hill (une victoire), Junior Heier (quatre victoires) et Chris Magee (neuf victoires). Hilares, les pilotes peut-être lassés qu'on leur demandedes poses martiales, se prêtent à une parodie de leurs exploits en mimant avec leurs mains des scènes de combats aériens.
Toutes photographies USMC)

Jimmy Johnson, de la VMF-112 « WolfPack », pointe les dégâts occasionnés sur son « Birdcage » par un tir de batterie antiaérienne. Les pilotes de cette unité totalisèrent pas moins de 144 victoires, le « Top Scorer » A. G. Donahue en enregistrant 9, plus cinq au sein de la VMF-451.
(USMC)

Ci-contre, de gauche à droite. L'air martial, quoique décontracté, le *Lt.* J. G. Killefer de la VF-17, as aux cinq victoires, prend la pose sur l'aile de son appareil. La propagande ne reculait manifestement devant rien : le Corsair est dépourvu de son moteur, la photo ayant été prise pendant des opérations de maintenance et d'importantes réparations ! *(USN)*

Devant un F4U-1 Birdcage, des pilotes de la VMF-214 « Black Sheep » prennent la pose. Debout à gauche, le *1st Lt.* Al Johnson, avec devant lui, accroupi, le *1st Lt.* Edwin Olander, as aux cinq victoires. Les autres pilotes ne sont pas identifiés. *(USMC)*

Tenues impeccables de mise pour cette séance photo de trois célèbres as de la VF-17 « Jolly Rogers », Hedrick, Blackburn et Kepford qui, à eux trois, totalisent 39 victoires, arborent un sourire de circonstance et se prêtent de bonne grâce au jeu de la propagande.
(USN)

DAPHNE
'C'
VMF-213
NO.24

5
678

6

CORSAIR F4U-1
et vint la verrière "bubble"

CELA FAIT DES DÉCENNIES que, dans la littérature consacrée au Corsair, la verrière bulle s'accompagne automatiquement de la dénomination « A », permettant ainsi de distinguer très aisément le F4U-1 « Birdcage » et le F4U-1 « bubble ».

Page suivante. Un pilote de la VF-17 s'entretient avec son mécanicien au pied de son F4U-1. Cette photo d'une qualité artistique indéniable, prise à la fin du jour, a immortalisé un magnifique instant d'échange et de connivence entre les deux hommes. *(USN)*

F4U-1 des Marines, d'une unité non identifiée. La jeep du « COMAIRSOLS » *(Commander, Aircraft, Solomons)*, direction des opérations de combat, fut la première à être parachutée sur Guadalcanal. Le bombardement d'un vaisseau japonais n'occasionna qu'un impact sur le pare-brise du véhicule. *(USMC)*

Or, il se trouve que d'après des remarques et des recherches poussées très pertinentes de certains passionnés qui se sont sérieusement penchés sur cette question délicate, cette dénomination n'aurait aucun bien-fondé, du moins légal.

Il est vrai que, de nombreuses photos à l'appui, ce suffixe « A » n'apparaît pas sur le stencil peint sur le gouvernail de la dérive de cette nouvelle variante d'appareils aussi bien construits par Vought, Goodyear ou Brewster.

Aucune trace de ce suffixe, non plus, dans les rapports officiels d'opérations de l'USN et de l'USMC. Plus ennuyeux, ce suffixe controversé est absent tant des guides destinés aux pilotes *(Flight Operating Handbook)* que des manuels de maintenance, de réparation et de pièces détachées. Tout cela commence à faire beaucoup d'omissions...

La seule présence de cette lettre concerne le FG-1A, une version navalisée du FG-1 fabriqué par Goodyear.

En effet, parmi les huit appellations « A » de la très stricte nomenclature de l'US Navy, une renvoie à un appareil terrestre ayant été pourvu d'une crosse d'appontage, ce qui est le cas du FG-1A. La présence de cette lettre concerne également les appareils fabriqués sous licence par Brewster et portant une dénomination très particulière, comme le F3A-1.

Pour conclure et sous réserve d'informations contraires, cette dénomination « A » peut-être utilisée sur le terrain pour des raisons pratiques, ne semble pas avoir été adoptée formellement.

Les fabuleuses qualités du Birdcage n'empêchent pas les pilotes de se plaindre d'un sérieux défaut de visibilité, car si celle-ci s'avère correcte en vol, l'approche en phase d'atterrissage et le décollage n'en demeurent pas

(suite page 58)

Bien que le N° 5 de Thomas Killefer arbore bien cinq marques de victoires, seules 4,5 « Kills » lui furent attribués, de sorte que ce valeureux pilote de la VF-17 « Jolly Rogers » ne fut pas considéré comme un as. 4,5 victoires.

Le F4U-1 bien connu de l'as Ira Cassius « Ike » Kepford. Les 16 marques de victoires sont également portées sur le flanc gauche de l'appareil. Cette photo a probablement été prise dans les îles Bougainville. *(USN)*

Au premier plan « Gina », un F4U-1 de la VMF-321 « Hell's Angels », moteur tournant, s'apprête à prendre son envol. Basée aux îles Mariannes, cette unité qui enregistra de nombreuses victoires n'afficha pourtant qu'un seul as, le *1st Lt.* R. B. See, auteur de cinq victoires. À noter sur l'appareil au second plan, « Brad II » de la VMF-225, l'anneau frontal, le moyeu d'hélice, ainsi que l'inscription, peints en blanc. *(USMC)*

Le N° 25 de Harry A. March, à bord duquel il obtint deux victoires avec la VF-17. Celles-ci vinrent s'ajouter aux trois victoires précédemment obtenues aux commandes de F4 Wildcat, alors qu'il opérait au sein de la VF-6. Cinq victoires.

Le N° 34 de Doris Clyde « Chico » Freeman, qui arbore sur la queue une pancarte indiquant « L.A. City Limits ». Le fuselage est flanqué de deux marques de victoires remportées avec la VF-17. Il obtint sept victoires supplémentaires en 1945, sur F4U-1D, au sein de la VF-84, avant de disparaître en mer. Deux victoires + sept avec la VF-84.

Le bien connu N° 29 d'Ira Cassius « Ike » Kepford, l'as des as de la VF-17 et de la Navy. À la fin des hostilités, les pilotes de l'unité « Jolly Rogers » totaliseront 154 appareils ennemis détruits, sur une période rapportée à 79 jours de combat. 16 victoires.

Séance de pose pour l'as de la VF-17, Ira Cassius Kepford, aux commandes de son « 29 ». Le fuselage est flanqué des 16 marques de victoire et du « Jolly Rogers ». Cernant le périmètre de l'emplacement du réservoir, des bandes de ruban adhésif d'étanchéité empêchent les fuites d'hydrocarbure susceptibles de gêner la visibilité du pilote en maculant le pare-brise. *(USN)*

Le N° 3 de l'*Ens.* Frederick « Big Jim » Streig de la VF-17 sur l'île de Bougainville en 1944. À noter que son dernier appareil porte le même numéro que sa précédente monture, le Birdcage 17 F 3. 5,5 victoires.

F4U-1 N° 4 « Ruthless II » du *Lt.* Oscar Chenoweth Jr. Le fuselage est flanqué de huit marques de victoire, mais les informations restent floues et contradictoires quant à leur nombre, certaines ayant été obtenues avec la VF-38 sur F6 Hellcat. Difficile, par conséquent, de dire combien de victoires Chenoweth a remportées avec la VF-17. 8,5 victoires.

Un autre N° 4 (le doublon mériterait une explication…), piloté par le *Lt.* Howard « Teeth » Burris de la VF-17 « Jolly Rogers » stationnée dans l'île de Bougainville. À noter l'absence de marquage de victoires sur cet appareil. 7,5 victoires.

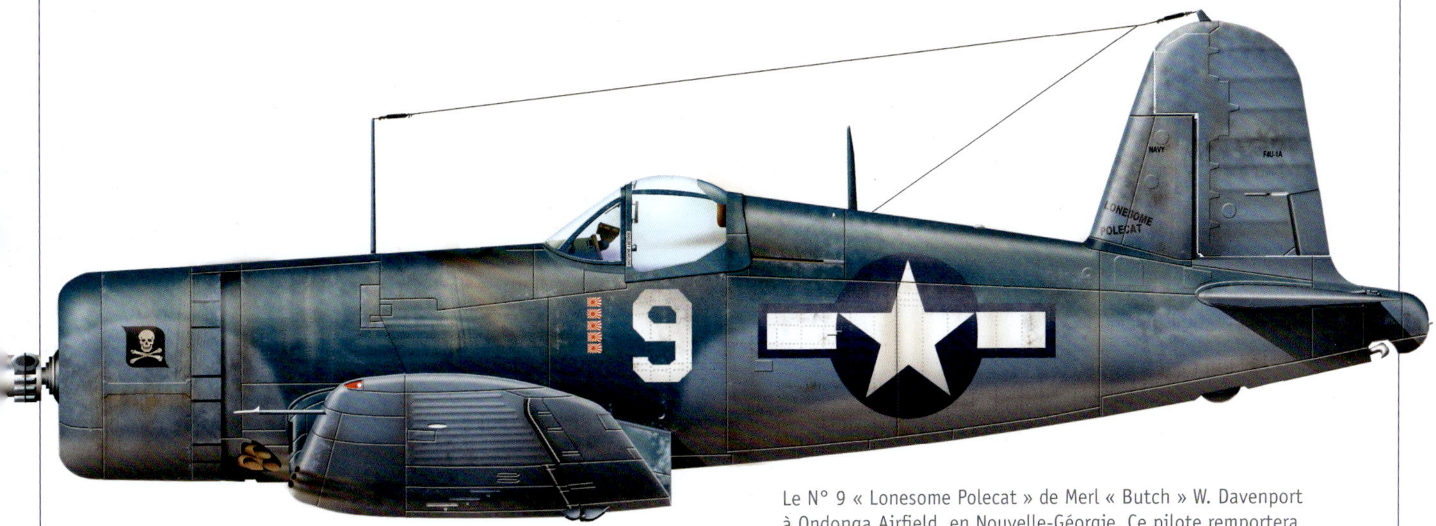

Le N° 9 « Lonesome Polecat » de Merl « Butch » W. Davenport à Ondonga Airfield, en Nouvelle-Géorgie. Ce pilote remportera cinq victoires, plus une en collaboration. Six victoires.

Le N° 1 « Big Hog » du *Lt. CO* John T. Blackburn, créateur et mentor de la fameuse VF-17 « Jolly Rogers ». L'appareil n'arbore que quatre marques de victoire, mais Blackburn en totalisera 11. Sous son commandement, les « Blackburn's Irregulars », surnom donné aux pilotes de cette unité, totaliseront 154 appareils ennemis détruits. 11 victoires.

Le N° 15 du *Lt.* Daniel G. Cunningham de la VF-17. Ce pilote comptabilisera sept victoires et 1,5 appareil endommagé. Ondonga Airfield. Sept victoires.

Des pilotes de la VF-17 posant devant leur impressionnant « *Tally Board* ». À voir l'expression de leurs visages, sans doute à mettre au compte de la fatigue, gageons que ces six pilotes devaient avoir un sens de l'humour assez particulier. À noter la disparité des équipements, un phénomène très souvent observé dans les unités basées au sol. *(USN)*

Ci-dessous.
L'Enseign Frederick John Streig, barbu débonnaire et de bonne corpulence, pose à côté de son « 3 », flanqué de quatre marques de victoires ; la cinquième sera remportée durant le mois de janvier 1944. *(USN)*

Ci-contre, à gauche.
Tout sourire, Colt 45 à la ceinture, Ira Cassius « Ike » Kepford, l'as des as de la Navy aux 16 victoires de la célèbre VF-17 « Jolly Rogers », pose devant son F4U-1 « 29 ». À la fin de leur périple dans le Pacifique, les « Blackburn's Irregulars », surnom donné aux pilotes de cette unité, totaliseront 154 appareils ennemis détruits, le plus haut score de l'US Navy.

F4U-1 d'un *US Marine Corps Fighter Squadron* non identifié. Le pilote, ou un mécanicien, très détendu, profite de l'ombre de l'appareil pour lire. À noter le cache-moyeu d'hélice peint en blanc et agrémenté d'une fine bande de couleur, ainsi que l'état des surfaces de ce Corsair très usé et maculé de divers résidus. *(USMC)*

Ci-contre, à gauche.
Une photo qui pourrait se passer de commentaires. Ce pilote, accroupi dos au « Tally Board » de la VF-17, adopte une pose exprimant diverses fatigues, sans doute aussi physiques que psychologiques. A contrario, on remarquera la délicate position de ses doigts dessinant sur le sol avec une brindille.
(USN)

Un alignement de F4U-1 de la VMF-321 « Hell's Angels » saisi lors d'une accalmie. Au pied de « Screaming Meanie », un Marine assis le dos contre la roue est plongé dans la lecture. Les pilotes de cette unité enregistrèrent 39 victoires. En revanche, 11 pilotes furent tués ou portés disparus durant l'année de leur présence dans le Pacifique. *(USMC)*

Ci dessous
Tom Blackburn, au centre avec la moustache, pose en compagnie d'autres pilotes de la VF-17 devant son « Big Hog » en novembre 1943. Le « Hog » était l'autre surnom donné au dessin du « Jolly Rogers ». L'appareil arbore quatre marques de victoire, mais Blackburn totalisera 11 appareils abattus.
(USN)

En 1943, sur un terrain des îles Salomon un groupe de mécaniciens s'affaire autour d'un F4U-1 de la VMF-221 « Fighting Falcons ». Constituée tout d'abord de Wildcat, puis de Hellcat et, enfin, de Corsair, cette unité totalisera 150 victoires et comptera dix as dans ses rangs.
(USMC)

Le dos plaqué au dosseret de son siège, ce pilote de la VMF-422 « Flying Buccaneers » s'apprête à être catapulté à bord de son F4U-1 depuis le pont de l'*USS Kalinin Bay*. Cette unité, dont les pilotes ne volèrent que sur Corsair, afficha un score de 15 victoires, mais ne compta pas d'as. À noter une inscription sur le capot, malheureusement illisible.
(USMC)

Le N° 740 est le F4U-1 du *1st Lt.* Christopher L. Magee de la VMF-214 « Black Sheep », vu à Vella Lavella en décembre 1943, a souvent été attribué au *Maj.* Boyington sous prétexte qu'une photo de propagande le montre à bord de cet appareil, en compagnie de Magee, d'ailleurs. Il n'existe aucune preuve que « Pappy » ait été un jour aux commandes de ce Corsair.

Le N° 777 est un des nombreux appareils du *1st Lt.* Phillip C. Delong de la VMF-212 « Hell Hounds », vu à Vella Lavella en novembre 1943. Cette unité totalisera 126,5 victoires et comptera huit as parmi ses pilotes. 11,166 victoires.

Le N° 833 est un F4U-1 de la VMF-223 « Bulldogs » basée dans les îles Salomons de novembre 1943 à juin 1945. Cet appareil était attribué au *Maj.* Marion E. Carl, en décembre 1943. Les pilotes de cette unité, dont neuf as, totalisèrent 147,5 victoires, le *Top Scorer* étant le *Maj.* J. L. Smith avec 19 victoires. 17,5 victoires.

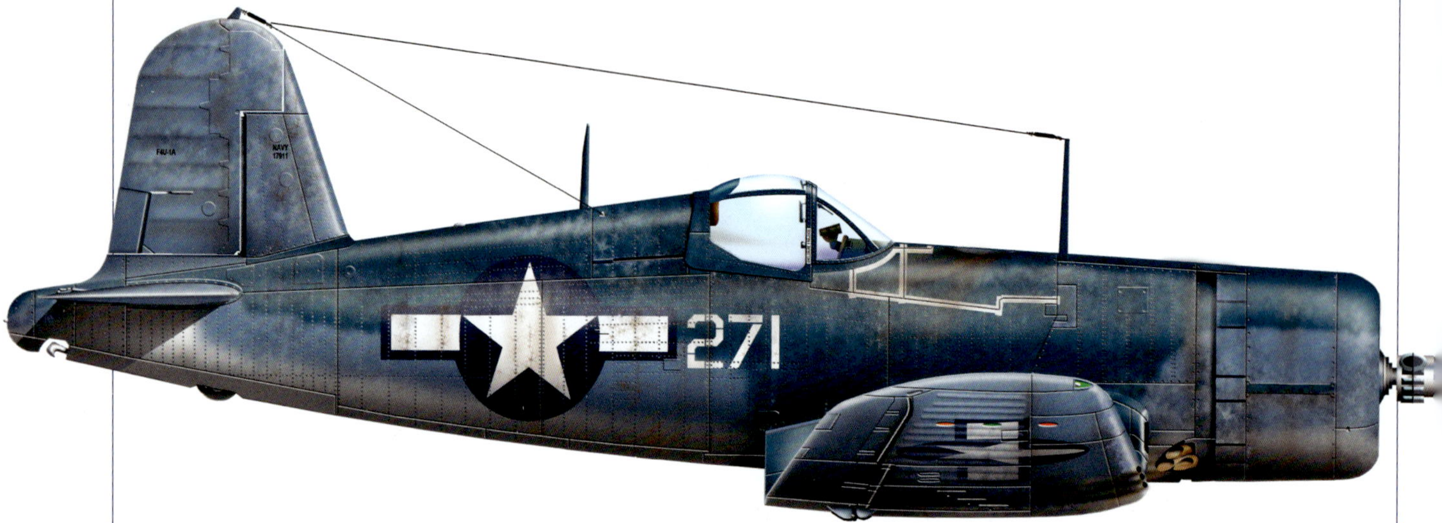

F4U-1 N° 271 attribué au *1st Lt.* Robert McClurg, qui figure en quatrième position des Top Scorer de la VMF-214 « Black Sheep ».Île de Bougainville en 1943. Sept victoires.

F4U-1 du *Maj.* Gregory « Pappy » Boyington de la VMF-214 « Black Sheep », vu à Vella Lavella en 1943. Boyington remporta 22 victoires mais en revendiqua 28, affirmant avoir abattu 6 appareils lors de son périple en Birmanie avec les « Flying Tigers ». Ces affirmations sont toujours demeurées sujettes à caution. 22 victoires.

Appareil N° 875 du *Capt.* Edwin L. Olander de la VMF-214 « Black Sheep », vu à Torokina en janvier 1944. Cinq victoires.

Alignement d'appareils de la VMF-222 « Flying Deuces », dont le capot s'orne d'un nose-art très élaboré. Le moyeu de l'hélice est peint en noir et tous les appareils semblent équipés du lance-bombes de fabrication Brewster. Cette unité qui totalisera 53 victoires comptera deux as, le *Maj.* D. H. Sapp et le *Lt.* C. D. Jones avec respectivement dix et six victoires à leur actif. *(USMC)*

Entre deux alertes, quelques instants de repos bien mérité pour ce pilote et ce mécanicien de la VMF-321 « Hell's Angels ». L'appareil porte, à l'aplomb du pare-brise, l'insigne de l'unité représentant une jeune femme nue, auréolée et ailée. Sur le capot, l'inscription nous précise que Lil-Nan, une jeune élue du pilote, est « appétissante ». *(USMC)*

1. Un appareil de la célèbre VMF-214 « Black Sheep ». Auparavant dénommée « Swashbucklers », elle changera d'appellation avec l'arrivée de Greg Boyington, le terme « mouton noir » étant préféré à celui de « Boyington's Bastards » qui fut un temps envisagé. À noter le revêtement noir de l'hélice complètement érodé, la « Star 'n' Bars » sans pourtour de couleur et l'effet des hydrocarbures sur le revêtement du fuselage et de l'aile.

2. Le pilote de la VMF-225 à bord de son « Brad III » pose pour la postérité en compagnie d'un GI et d'un mécanicien. À noter la première section du capot peinte en blanc. Cette unité basée dans les îles Mariannes d'août 1944 à mai 1945 n'enregistra qu'une seule victoire, attribuée au *Lt.* H. L. Stewart.

3. Beaucoup de monde autour de l'appareil du *Lt.* Thomas Killefer de la VF-17 « Jolly Rogers ». L'appareil arborant cinq marques de victoires semble avoir de sérieux ennuis de motorisation. La scène se passe à Ondongua, à la fin de l'année 1943.

4. Ira Kepford, l'as aux seize victoires de la VF-17 « Jolly Rogers », s'apprête à décoller d'une base des îles Bougainville. Le pilote se déplaçant à l'aveugle est assisté du mécanicien assis sur l'aile pour diriger les manœuvres de roulage jusqu'à la piste d'envol.
(Photographies 1-2 USN et 3-4 USMC)

3

4

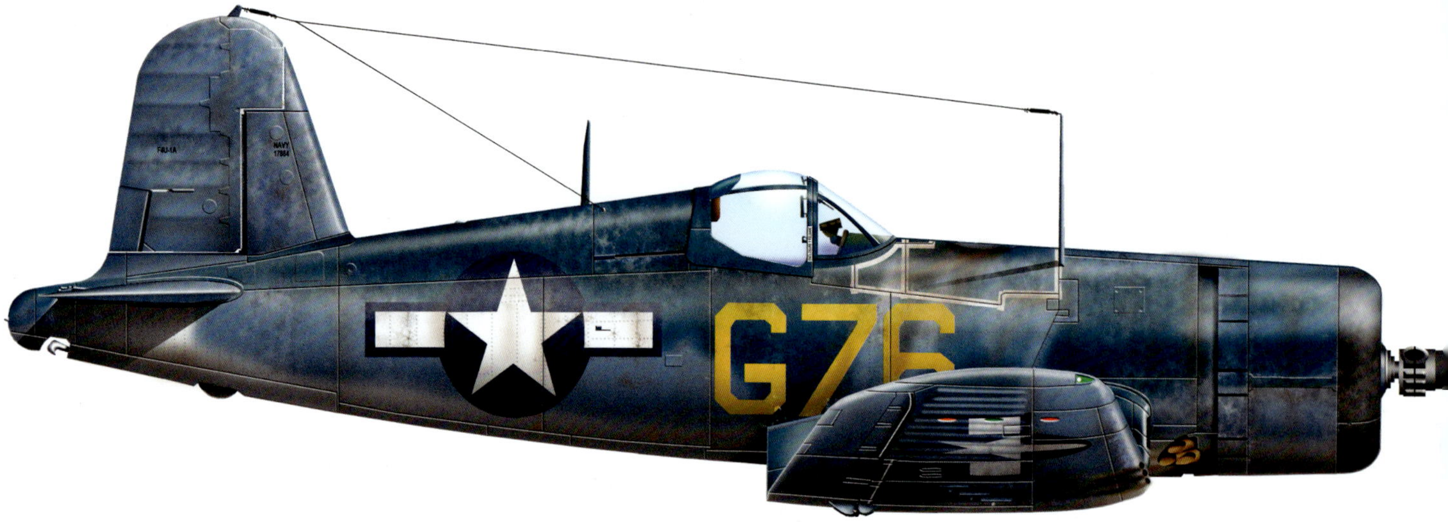

Le G 76 appartenant initialement à la VMF-121 opéra à Guadalcanal de septembre 1942 à septembre 1943. Ce F4U-1, fatigué et rapiécé, débutera une nouvelle carrière comme appareil d'entraînement. À noter les nombreuses retouches de peinture et le nouveau code peint en jaune.

moins problématiques. Avec la vue bouchée par le long nez de l'appareil, les manœuvres s'effectuent en effet quasiment à l'aveugle…

Les importantes modifications alors entreprises consistent principalement en l'abandon de la verrière « cage à oiseaux » au profit d'une verrière de type « bulle », qui améliore en outre nettement la visibilité et permet de rehausser le siège du pilote d'environ 18 cm.

L'assiette change

Jugée trop cabrée, l'assiette de l'avion au sol est corrigée en rehaussant la colonne de la roulette de queue (même si sur certains clichés, plusieurs de ces F4U-1 nouvelle version en opérations possèdent encore la roulette de queue plus courte… pour des raisons pratiques de disponibilité de pièces ?).

La motorisation demeure identique à celle de son prédécesseur, hormis le fait notable qu'elle peut recevoir une brève (quelques minutes seulement) injection d'eau et d'alcool pour augmenter la puissance de l'appareil en cas de besoin, notamment lors des combats aériens.

Le F4U-1 dernière version conservait la possibilité d'emporter sous chacune de ses ailes une petite bombe de 45 kg, mais des mécaniciens réalisèrent avec les moyens du bord sur le terrain de très efficaces lance-bombes élevant l'emport de charge à 450 kg.

À noter que la société Brewster paracheva cette idée artisanale et lança la fabrication en série d'un lance-bombes plus sûr et plus performant.

Un rayon d'action étendu

Autre progrès notable, ce F4U-1 peut emporter au centre du fuselage (en lieu et place du lance-bombes) un bidon de carburant largable d'une capacité de 170 gallons, un avantage non négligeable étant donné les distances impressionnantes à couvrir au-dessus de l'océan. Le phare d'atterrissage logé sous l'aile gauche est progressivement abandonné pour céder la place à celui se trouvant ensuite sur le bord d'attaque ; l'installation de roquettes sous les ailes est envisagée, mais ne sera adoptée en série qu'à partir de son successeur, le F4U -1D.

L'appareil revêt alors le camouflage trois tons (*non specular sea blue*, *non specular intermediate blue* et *non specular insignia white*) déjà arboré par certains de ses prédécesseurs F4U-1 Birdcage. En cours de production, le plancher vitré (d'une utilité toute relative) sera peint en même temps que le fuselage, avant d'être complètement supprimé.

Les « flaps » baissés et la verrière ouverte, ce F4U-1 d'une unité non identifiée prend son envol. À noter l'absence de mât d'antenne dorsale, remplacé par une antenne filaire. L'appareil est recouvert du camouflage classique trois tons et le marquage de nationalité est encore doté de son pourtour rouge. *(USN)*

Corsair N° 472 piloté par le *1st Lt.* Robert M. Hanson de la VMF-215 « Fighting Corsair », vu à Bougainville en juin 1944. Dix pilotes accéderont au statut d'as, et le total des appareils ennemis détruits par cette unité s'élèvera à 135,5 victoires. 23 victoires + 2 avec la VMF-214.

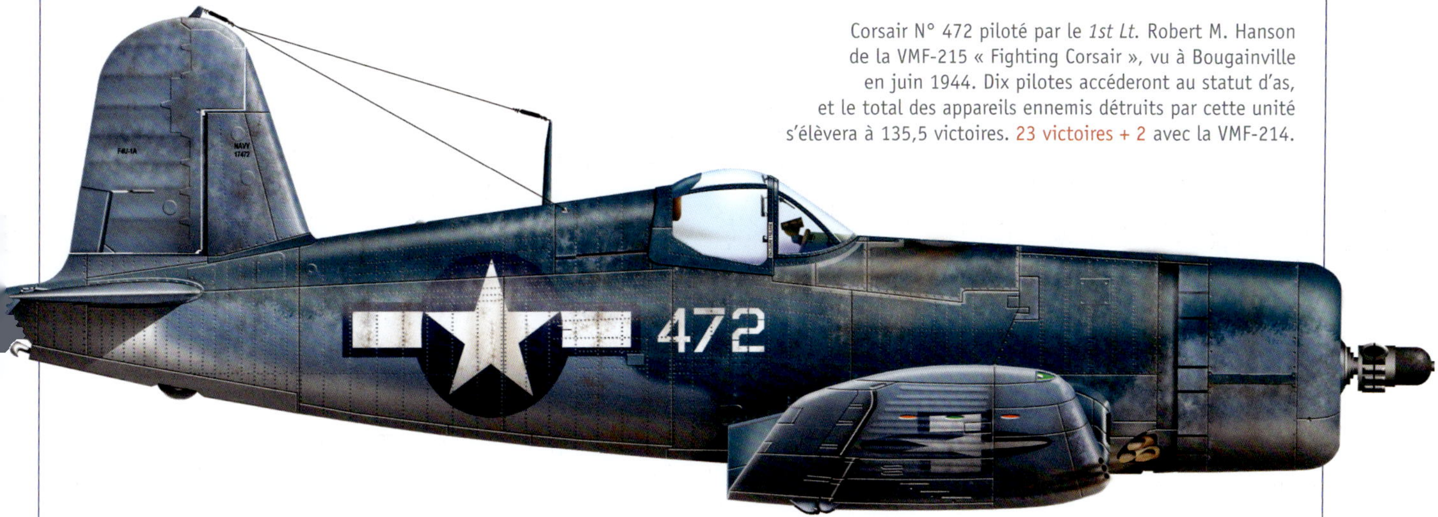

F4U-1 N° 906 du *1st Lt.* J. G. Bonelli, de la VMF-115 « Joe Jokers » stationnée à Leyte de mars à décembre 1944. Les pilotes de cette unité ne totaliseront que 5,5 victoires, leurs missions étant principalement l'appui au sol, le bombardement et le *strafing*.

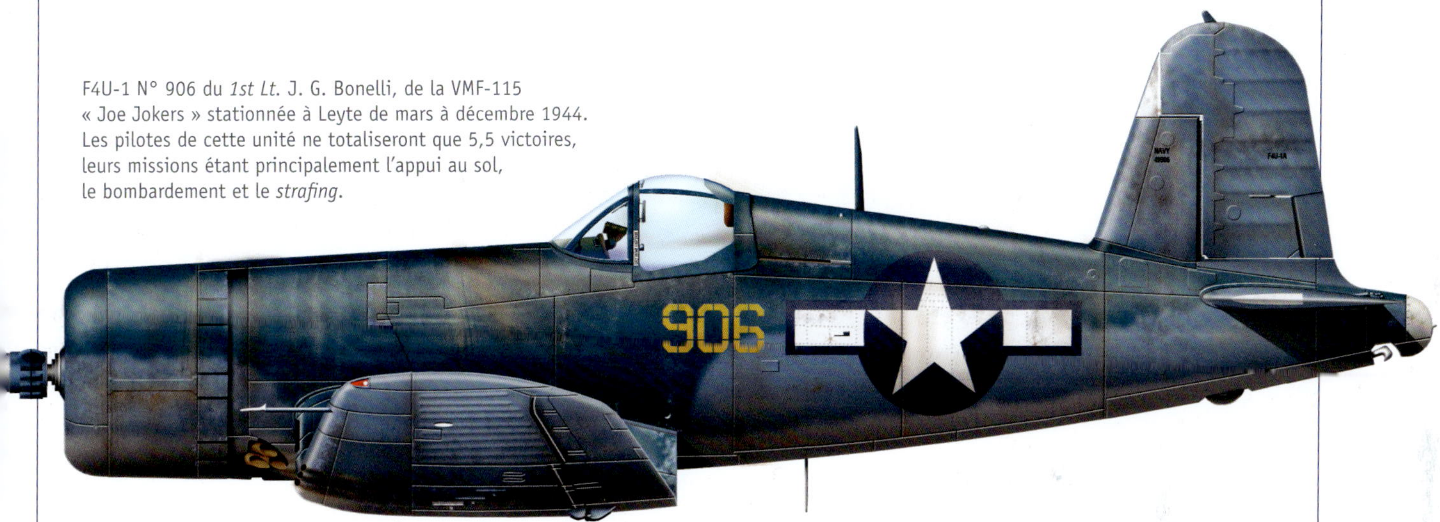

F4U-1 N° 236 de la VMF-222 « Flying Deuces », vu dans l'île de Bougainville en 1944. Les pilotes de cette unité, dont trois as, totaliseront 53 victoires. Le *Top Scorer Maj.* D. H. Sapp remportera 10 victoires.

Assis sur l'aile de son N° 34 « L.A. City Limits », le *1st Lt.* Doris C. « Chico » Freeman de la VF-17 pose, sans grand enthousiasme, pour l'objectif du photographe officiel. Au regard de l'état de surface de l'appareil, on imagine ce que les rudes conditions climatiques, alliées au stress des combats aériens, faisaient endurer aux hommes. *(USN)*

Un pilote et son appareil, rescapés, constituent toujours une attraction pour le personnel de la base. Ici, le F4U-1 du *Lt.* Marshall de la VMF-216 « Bulldogs », dont le gouvernail et les gouvernes ont été malmenés par des coups directs. Cette photographie laisse bien imaginer les réflexions, remarques et quolibets qui devaient fuser au retour du pilote chanceux.

Équipe de nuit pour ces mécaniciens de la VMF-155 basée dans les îles Marschall. Une photographie qui illustre bien l'agitation du personnel au sol, chacun dans sa spécialité, autour des appareils, ici des FG-1D entre deux missions.

En bas.
Magnifique photographie d'un alignement d'appareils de la VMF-113 « Whistling Devils » prise lors de leur séjour à Engebi, de février 1944 à septembre 1945. L'intérêt ce cliché réside moins dans l'observation des appareils que dans l'évidente activité fébrile de tous les mécaniciens, motoristes et armuriers affairés sur et autour des machines. Aucun as ne se distingua dans cette unité, malgré les 21 victoires remportées par ses pilotes.

Ci-contre.
Un groupe de pilotes d'une unité de Marines, non identifiée, à Munda en 1943. Cette photographie change de l'imagerie habituelle représentant des pilotes heureux et souriants. L'expression des visages est éloquente, ces hommes éprouvés par le stress, la fatigue, mais aussi la peur lors de leurs nombreuses sorties, ne prennent pas la peine de cacher leur gravité face à l'objectif du photographe. *(Toutes photographies USMC)*

34
34

PIOLET'S
Transpertation
ONLY

CORSAIR F4U-1D un long rayon d'action

C'EST AVEC L'ADJONCTION, DANS LES AILES, d'un nouveau circuit d'alimentation en carburant et l'installation de pylônes permettant d'embarquer un ou plusieurs réservoirs largables de grande capacité que le F4U-1 reçu la dénomination « D ».

Une paire de F4U-1D de la VMF-224 « Fighting Falcons » basée à Roi-Namur de juin à mars 1945. Cette unité sera, le mois suivant, équipée de F4U1-C pendant sa présence à Okinawa. Les « Fighting Falcons » enregistrèrent 116 victoires et quatre pilotes accédèrent au statut d'as, le « Top Scorer » étant le *Maj.* R. E. Galer, avec 13 victoires. À noter les lance-bombes Brewster et, sur le capot de l'appareil du premier plan, la mention « OK » écrite à la craie. *(USMC)*

La capacité d'embarquer des réservoirs de carburant externes eut, en outre, l'avantage d'entraîner la suppression des derniers bidons subsistant dans les ailes.

Les premiers F4U-1D revêtaient le schéma classique trois tons, conservaient les montants supérieurs de leur verrière bulle et n'étaient pas dotés des supports permettant l'emport de roquettes. Sur les photos, rien ne peut donc différencier ce nouveau modèle de ses prédécesseurs F4U-1 à verrière bulle, hormis les deux réservoirs (voire un seul) installés de part et d'autre du fuselage. Sur bon nombre de clichés, des « D » se sont ainsi sans aucun doute vus requalifier de F4U-1.

Pour exemple, les Corsair F4U-1D livrés au début de 1944 aux alliés néo-zélandais de la RZNAF. Ces appareils étaient fournis avec le schéma de camouflage classique trois tons, certains recevant progressivement par la suite un revêtement bleu foncé *glossy sea blue US*, suivant la plus ou moins bonne volonté des mécaniciens de terrain.

Aucune bombe de part et d'autre du fuselage et encore moins de support de roquettes sous les ailes, ce que les pilotes « kiwis » auraient pourtant bien apprécié dans la mesure où l'attaque au sol constituait l'essentiel de leurs missions.

Le F4U1-D modifié pour le bombardement

Lors des âpres combats aériens et vu le nombre impressionnant de victoires revendiquées, les qualités de plate-forme de tir qu'offraient le F4U-1 et le F4U-1D n'étaient plus à démontrer. Leurs aptitudes à « traiter » les objectifs terrestres, une tâche pour laquelle ils n'étaient certes pas initialement conçus, demeuraient en revanche aléatoires.

Sur le terrain et compte tenu de la ténacité des Japonais, la tournure des événements

(suite page 73)

En février 1945, sur le pont de l'*USS Bunker Hill*, deux F4U-1 de la VMF-84, ailes repliées, attendent leur tour derrière leur premier camarade déjà installé dans la zone de catapultage. *(USN)*

F4U-1D N° 114 de la VBF-86 « The Galloping Ghost », embarquée sur l'*USS Wasp* en février 1945. Dans cette unité, le numéro est peint en larges chiffres noirs sur la dérive.

F4U-1D N° 28 de la VBF-6 « Whistling Death », embarquée sur l'*USS Hancock* en mars 1945. À noter la barre oblique d'identification et le nez du capot peint sans grand soin en jaune.

F4U-1D N° 9 du Lt Charles W. S. Hulland de la VBF-85 « Sky Pirates », embarquée sur l'*USS Shangri-La* en 1945. Le large éclair oblique, marquage d'identification, est reporté sur le dessus de l'aile droite et le dessous de l'aile gauche.

F4U-1D N° 3 du *Capt.* Donald C. Owen de la VMF-112 « Wolfpack », embarquée sur l'*USS Bennington* de décembre 1944 à juin 1945. Le nez peint en blanc vient compenser la petitesse du marquage figuré par une flèche. Cette unité totalisera 144 victoires, et sept as se distingueront dans ses rangs. Cinq victoires.

F4U-1D N° 26 « The Mad Cossack » de la VMF-512 embarquée sur l'*USS Gilbert Islands* de mars à septembre 1945. Les marquages d'identification sont très élaborés et de nombreux appareils de cette unité arboraient un nose-art. Une seule victoire fut remportée, par le *Capt.* Thomas Liggert Jr.

F4U-1D N° 5 appartenant à la VMF-323 « Death Rattlers ». L'appareil affiche 10 marques de victoire, ce qui est peu probable, les trois *Top Scorers* de cette unité ayant remporté chacun sept victoires. Okinawa.

Verrière ouverte, crosse d'appontage et volets baissés, un F4U-1D de la VF-84 s'apprête, sous une pluie battante, à apponter sur l'*USS Bunker Hill* durant l'hiver 1945. Le nez de l'appareil est peint en jaune. *(USN)*

Angle de vue inhabituel pour ce FG-1D de la VMF-155 s'apprêtant à se poser sur une base de l'atoll de Kwajalein, au cœur des îles Marshall, théâtre de terribles combat, à commencer par un des bombardements les plus massifs de la guerre du Pacifique. *(USMC)*

F4U-1D appartenant à la VMF-121 stationnée à Peleliu, aux Palaos, une île de sinistre réputation, surnommée « Bloody Peleliu » à la suite d'âpres combats, de septembre 1944 à septembre 1945. Cette unité compta 12 as, dont un « Top Scorer », le *Capt.* J. J. Foss, comptabilisant 26 victoires, suivi du *1st Lt.* W. P. Marontate, totalisant 13 victoires. *(USMC)*

F4U-1D N° 4 de la VMF-214 « Black Sheep », embarquée sur l'*USS Franklin* de février à mars 1945. La célèbre unité lança ses opérations sur le Japon le 18 mars 1945. Le large diamant est le marquage d'identification des Corsair qui la composaient.

F4U-1D N° 11 de la VF-85 « Sky Pirates », embarquée sur l'*USS Shangri*-La en 1945.

Surnommé « Grand Slam » et arborant cinq cartes à jouer sur le capot, ce FG-1D N° 22 de la VMF-512 embarquée sur l'*USS Gilbert Islands* arbore en outre sur son fuselage 11 marques de mission de bombardement. 1945.

Phase d'atterrissage sur une base de l'atoll de Kwajalein pour ce FG-ID de la VMF-155, auparavant dénommée VMO-155. Créée en 1942, cette unité fut la première de l'*US Marine Corps Squadron* à entrer en service durant la Deuxième Guerre mondiale. À noter les surfaces de l'appareil intégralement revêtues du bleu marine *glossy sea blue*, selon les nouvelles directives. *(USMC)*

FG-1D flambant neuf d'une unité non identifiée, manœuvrant sur le pont de l'*USS Boxer* en fin d'année 1945. Ce porte-avions arrivé sur le tard, peu avant la reddition du Japon, n'eut pas l'opportunité de participer aux opérations de combat. *(USN)*

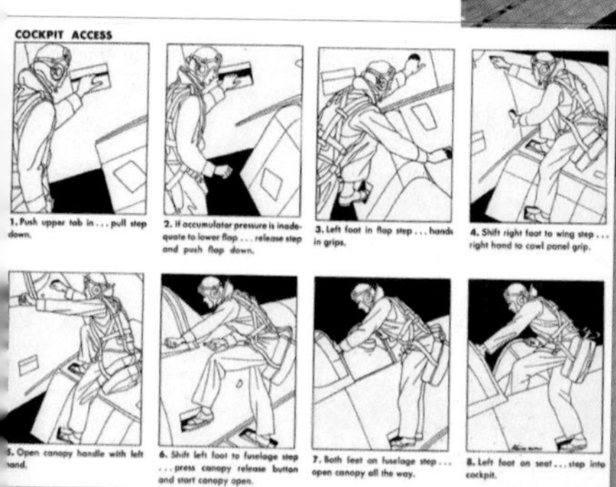

COCKPIT ACCESS

1. Push upper tab in . . . pull step down.
2. If accumulator pressure is inadequate to lower flap . . . release step and push flap down.
3. Left foot in flap step . . . hands in grips.
4. Shift right foot to wing step . . . right hand to cowl panel grip.
5. Open canopy handle with left hand.
6. Shift left foot to fuselage step . . . press canopy release button and start canopy open.
7. Both feet on fuselage step . . . open canopy all the way.
8. Left foot on seat . . . step into cockpit.

Ornés de leur anneau frontal de capot jaune et dotés d'un réservoir largable sous l'aile droite, ces F4U-1D de la VF-84 embarqués sur l'*USS Bunker Hill* en février 1945 s'apprêtent à quitter le pont du porte-avions d'escorte. *(USN)*

Un FG-1D de la VMF-155 au roulage sur le terrain de la base de Kwajalein, dans les îles Marshall. L'appareil emporte une charge de forme inhabituelle, et on peut remarquer les teintes de camouflage descendant très bas sur les flancs du fuselage, une caractéristique souvent observée sur les appareils fabriqués par Goodyear *(USMC)*

Deux F4U-1D de la VMF-422 « Flying Buccaneers », vus ici au-dessus des îles Marshall en 1944. Le N° 10 porte l'inscription « Mary Louise Inc », tandis que l'inscription du N° 20 est malheureusement illisible. Les deux appareils ont le pourtour de leurs marquages de nationalité encore peint en rouge. Les pilotes de cette unité remportèrent 15 victoires, mais aucun d'eux n'accédera au statut d'as. *(USMC)*

FG-1D N° 41 de la VBF-88 « Gringos », embarquée sur l'*USS Yorktown* en juillet 1945. À noter le dessin du 4 du numéro de l'appareil, peu commun et, surtout, inapproprié compte tenu des règles très strictes de la Navy.

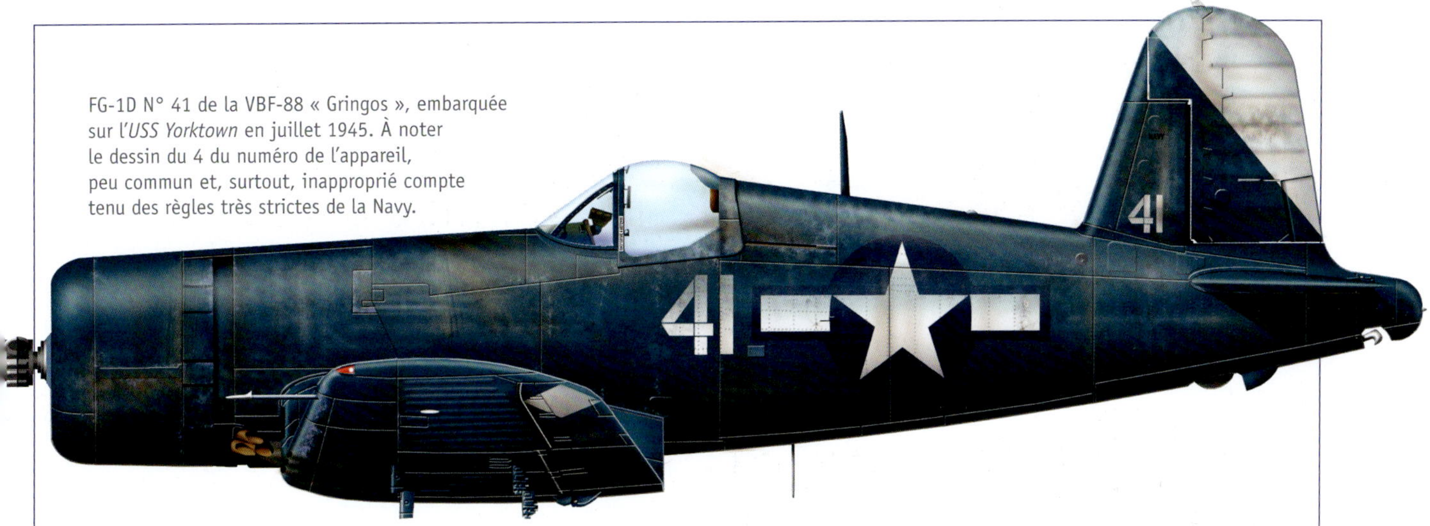

FG-1D N° 23 surnommé « Man' O' War » de la VMF-512, embarquée sur l'*USS Gilbert Islands* de mars à septembre 1945. Cet appareil est piloté par le *Commanding Officer* William R. Campbell, commandant la MCVG-2.

F4U-1D N° 27 du *Maj.* George C. Axtell, CO de la VMF-323 « Death Rattlers ». À la fin de leur dernier tour à Okinawa, d'avril à septembre 1945, les pilotes de cette unité auront totalisé 124,5 victoires, et 12 d'entre eux accéderont au statut d'as. Six victoires.

F4U-1D N° 31 du *1st Lt.* Francis A. Terrill, de la VMF-323 « Death Rattlers ». Six victoires.

F4U-1D N° 48 du *1st Lt.* Jack Broering, de la VMF-323 « Death Rattlers ».

F4U-1D N° 50 du *1st Lt.* Charles W. Drake, de la VMF-323 « Death Rattlers ». Okinawa. Cinq victoires.

Gros plan sur l'installation de deux bidons supplémentaires largables. C'est avec la nouvelle plomberie installée dans les ailes et permettant cette configuration que le F4U-1 reçut l'appellation F4U-1D. Cet aménagement entraîna la suppression des réservoirs placés auparavant à l'intérieur des ailes. À noter que la forme des pylônes d'emport évoluera lorsqu'il sera question d'employer, au choix, des bidons ou des bombes. *(USMC)*

Ce FG-1D, surnommé « Miss Nellie », appartient à la VMF-512. Censés permettre de repérer immédiatement l'appartenance à un porte-avions en particulier, et n'ayant nullement une fonction décorative, les parements blancs portés par les Corsair n'en sont pas moins seyantes. Ces marquages entreront en vigueur le 2 juin 1945. *(USMC)*

ne cessa d'accentuer le besoin de détruire le plus possible de cibles au sol, qu'il s'agisse de troupes ou de matériels.

Le F4U-1D fut donc modifié pour pouvoir emporter davantage de charges explosives que ses prédécesseurs équipés seulement d'un lance-bombe en position centrale. De nouveaux pylônes, un central et un autre sous chaque aile, pouvaient en lieu et place des réservoirs recevoir chacun une bombe de 450 kg, ou bien encore un bidon spécial de napalm.

... Et l'attaque au sol

Pour renforcer encore les capacités de destruction de ce nouveau F4U-1D, quatre pylônes d'emport de roquettes furent installés sous chaque aile. Ces roquettes surnommées « Holy Moses » consistaient en deux versions du modèle HVAR *(High Velocity Air Rocket)* de 127 mm, armées soit d'une tête contenant 3,4 kg de TNT ou d'une charge de 1 kg d'explosif de type « D ».

Cette nouvelle version du Corsair mérita bien de recevoir le titre officieux, mais non usurpé de chasseur-bombardier. Afin d'améliorer encore le confort du pilote, et notamment la visibilité, les arceaux supérieurs de renfort de la verrière « bulle » furent supprimés.

Une trappe « marche-pied » fut introduite dans le volet intérieur droit, en vue de faciliter l'accès du pilote au cockpit. Sur certains modèles fabriqués par Goodyear (FG-1D), les trappes de la roulette de queue étaient par ailleurs pourvues d'un carénage aérodynamique.

Pour finir, le F4U-1D abandonna le schéma classique du camouflage trois tons pour la nouvelle « tenue » définitive bleu marine glossy sea blue.

« In the Navy »... Enfin !

Tenant compte, entre autres, des remarques pertinentes de pilotes s'étant procuré des frayeurs à bord de leur F4U-1 lors d'appontages scabreux, voire fatals, les ingénieurs du fabricant Chance-Vought se penchèrent à nouveau sur les problèmes causés par le train principal. Les phénomènes de rebond, pierre d'achoppement faisant que la Navy boudait toujours le Corsair, disp arurent en réduisant une fois de plus la course des amortisseurs oléopneumatiques.

De nouvelles techniques d'approche du porte-avions furent élaborées, et c'est seulement le 22 avril 1944, après une série de plus de cent appontages parfaitement exécutés en présence des hauts commanditaires de la Navy, que la marine américaine autorisa enfin la présence opérationnelle et définitive du Corsair sur le pont de ses porte-avions.

Il faudra néanmoins attendre le mois de décembre pour que les premières unités soient effectivement embarquées.

F4U-1D de la VMF-422 « Flying Buccaneers » vu à Le Shima Airfield, dans l'archipel d'Okinawa. On pourra apprécier le réservoir peint d'une gueule de requin, fait plutôt rare. Les pilotes de cette unité comptabilisèrent 15 victoires.
(USMC)

Séance de pose et garde à vous, pour ces deux F4U-1D de la VMF-122 « Werewolves, » sur une base de l'île Palau en 1945. Les deux appareils sont neufs et particulièrement propres. Cette unité compta un seul as dans ses rangs, ses pilotes totalisant 48,5 victoires.
(USMC)

F4U-1D N° 51 du *1st Lt.* Robert Wade, de la VMF-323 « Death Rattlers ». Okinawa. Sept victoires.

F4U-1D N° 57 du *1st Lt.* Edward L. Abner, de la VMF-323 « Death Rattlers ». Okinawa. 3,5 victoires.

F4U-1D N° 66 de l'*Ens.* Alfred Lerch de la VBF-10, embarquée sur l'*USS Intrepid*. La large bande d'identification verticale caractérise les appareils de cette unité. Okinawa, 1945.

FG1-D N° 205 de l'*Ens.* David M. Jeter de la VBF-83, sur l'*USS Essex*. Trois victoires.

F4U-1D N° 83 de la VMF-124 « Wild Aces », embarquée sur l'*USS Essex.* Cette unité compta trois as, dont le célèbre Kenneth Walsh affichant 21 victoires. 84 victoires furent totalisées par l'ensemble des pilotes.

FG1-D N° 99 « Skippers Orchid » du *Lt. CO* Thomas C. Colt Jr du HQSS-22, vu dans l'archipel Ryukyu en janvier 1945.

Le N° 165 est un FG-1D de la VBF-83 embarquée sur l'*USS Essex* en 1945. Le marquage d'identification de ce *Bomber Fighting Squadron* est parmi les plus élaborés. À noter qu'il figure également sur le dessus de l'aile droite.

FG-1D du *Lt.* Ed O. Schiess de la VBF-83, embarquée sur l'*USS Essex* en 1945. Deux victoires.

FG-1D N° 185 du *Capt.* Glen « Wally » H. Wallace de la VBF-83, embarquée sur l'*USS Essex*. L'appareil arbore 6 marques de victoire, les cinq premières ayant été acquises précédemment sur F6F Hellcat. 1945. Une victoire.

Agitation autour de trois F4U-1D de la VMF-511 embarqués sur l'*USS Block Island* de mars à septembre 1945. Sur le capot de l'appareil au premier plan, noter l'insigne de l'unité représentant un Peau-Rouge surfant sur une mitrailleuse ailée, souligné de l'inscription « Hell's Angel ». *(Collection G. Pons)*

À droite.
Le *Lt.* P. C. Delong, as aux 11, cinq victoires, prend la pose à bord de son F4U-1D, verrière ouverte. Les pilotes de la VMF-212 « Hell Hounds » afficheront un total de 126,5 victoires, et huit d'entre eux accéderont au statut d'as. *(USN)*

Sous les directives du personnel de pont, ce F4U-1D de la VF-84 exécute les manœuvres sur le « deck » de l'*USS Bunker Hill* au début de l'année 1945. Le 11 mai, ce porte-avions d'escorte subira deux attaques simultanées de kamikazes qui feront 600 victimes, dont 346 morts et 43 disparus. (USN)

À droite.
Ce beau cliché d'un F4U-1D de la VBF-83, propulsé du pont de l'*USS Essex* en août 1945, permet de saisir l'activité du personnel voué au catapultage des appareils. On imagine, vu la position des personnages, le bruit et les tourbillons d'air générés par l'opération. *(USN)*

En mars 1945, sur le pont de l'*USS Sitkoh Bay*, le personnel dévolu aux catapultages attend le signal imminent pour propulser ce F4U-1D de la VMF-224 « Fighting Wildcat » hors du pont. À noter le pilote, dos collé au dosseret du siège et tête contre le repose-tête, ui anticipe la violente secousse de l'accélération. *(USMC)*

F-106
F-107

F
238
F

F4U-1D N° 207 du *2nd Lt.* Marvin S. Bristow de la VMF-224 « Flying Wildcat ». Okinawa. L'appareil porte trois marques de victoire, les deux premières ayant été enregistrées précédemment. Cette unité comptera quatre as. Le nombre total de victoires s'élève à 116,5. 1,5 victoire.

Ce FG-1D N° 227 de la VBF-83 embarquée sur l'*USS Essex* porte l'inscription « Killers Hash Wagon » sur le côté droit du capot.

F4U-1D N° 230 de la VMF-224 « Flying Wildcat » présente à Okinawa d'avril à septembre 1945. Une victoire.

F4U-1D N° 422 « Palpitatin Pauli » du *Capt.* Floyd C. Kirkpatrick, *Top Scorer* de la VMF-441 « Black Jack ». Le surnom de l'appareil figure également sur le côté gauche du fuselage. Les pilotes de cette unité remportèrent 49 victoires et comptèrent parmi eux deux as. Okinawa 1945. 5,5 victoires.

F4U-1D N° 434 du *Lt.* CL Vassey de la VMF-441 « Black Jacks ». À noter la première section du capot et cache-moyeu de l'hélice peints en jaune. Okinawa 1945.

F4U-1D N° 315 du *Maj.* Michael R. Yunck de la VMF-311 « Hell's Belles » présente à Okinawa. Cette unité compta deux as, le *2nd Lt.* W. Brown Jr, avec sept victoires, et Yunck qui en ajoutera deux à celles obtenues auparavant avec la VMO-251. La totalité des victoires de cette unité s'élèvera à 71. Cinq victoires.

En 1945, sur le pont de l'*USS Block Island*, un F4U-1D flambant neuf s'apprête à être catapulté. On peut voir la position du pilote bien adossé à son siège, et la tête bien appuyée sur le repose-tête, anticipant ainsi le choc de l'accélération. *(USN)*

Des pilotes de la VMF-113 « Whistling Devils » posent devant un F4U-1D surnommé « Laura Ricky ». Préalablement installée à Engebi, dans les îles Marshall, cette unité partit pour Le Shima, dans l'archipel Okinawa, après la sécurisation de l'île. C'est sans doute durant cette dernière période que la photographie a été prise, les pilotes ayant l'air détendu et leurs tenues s'avérant particulièrement propres. *(DR)*

Un Corsair de fabrication Goodyear FG1-D de la VMF-155, s'apprêtant à se poser sur le sol corallien d'une base de Kwajalein dans les îles Marshall en 1945. *(USMC)*

Des F4U-1D au nez blanc de la VMF-114 « Death Dealers », au roulage sur la base de Peleliu, où cette unité était présente, de septembre 1944 à juin 1945. *(USMC)*

Le *Capt.* Floyd Kirkpatrick, as aux 5,5 victoires de la VMF-441 « Black Jacks » pose au côté de son F4U-1D « Palpitatin Pauli ». Le deuxième as, le *2nd Lt.* S E. McGinty remporta quant à lui cinq victoires, les pilotes de cette unité comptabilisant en tout 49 victoires. *(USMC)*

Image impressionnante et dramatique de tirs d'obus traçants issus des batteries de défense antiaérienne dans la nuit du Pacifique. Le tir semble curieusement très nourri : le photographe a très vraisemblablement mis l'obturateur de son appareil en pause durant quelques secondes. *(DR)*

315

F4U-1D N° 510 du *2nd Lt.* Marion I. Ryan de la VMF-441 « Black Jacks », présente à Okinawa d'avril à août 1945. Cette unité totalisera 49 victoires.

F4U-1D N° 600 du *1st Lt.* Don Wilson de la VMF-122 « Werewolves », vu à Peleliu en 1945. L'insigne de l'unité est porté à l'aplomb du pare-brise, tandis que la pin-up peinte sur le capot représente « The Dragon Lady », inspirée des dessins de l'illustrateur Milton Caniff.

F4U-1D N° 643 du *Lt.* Leroy E. Anheuser de la VMF-122 « Werewolves », vu à Peleliu. Le nose-art figurant un as de cœur est probablement présent sur le côté droit du capot. Les parements blancs peints sur la dérive sont distinctifs de cette unité.

F4U-1D N° 532
du *1st Lt.* Forrest B. Warren
de la VMF-322 « Cannonballs »,
présente à Okinawa en 1945.
Cette unité ne compta pas d'as,
mais comptabilisa 29 victoires.
À noter la première section
de capot peinte en blanc.
Une victoire.

F4U-1D N° 716 du *Maj.* Earl Sheldon de la VMF-218 « Hellions »,
vu à Tacloban dans les Philippines au début de l'année 1945.
Les pilotes de cette unité totaliseront 18 victoires,
le *Top Scorer* étant le *1st Lt.* J. V. Booker.

F4U-1D N° 760 du *Capt.* Louis W. Rancourt
de la VMF-211 « Wake Avengers », présente à Leyte
de décembre 1944 jusqu'à la fin des hostilités. Cette unité,
qui compta Trois as, enregistra au total 91,5 victoires.
Une victoire.

Ci-dessus.
De retour de mission, le pilote de ce F4U-1D de la VBF-83 actionne le système hydraulique de repliage des ailes, avant de se parquer sur le pont de l'*USS Essex*. À noter, sur le côté gauche du pont, un alignement de F6F Hellcat. *(USN)*

Ci-contre.
Accompagnés de Wildcat et d'Avenger, ces FG-1D de la VMF-512 s'apprêtent à rouler vers la zone de catapultage du pont d'envol de l'*USS Gilbert* Island. Cette unité ne sera créditée que d'une seule victoire, remportée par le *Captain* Thomas Liggett Jr. *(USMC)*

Ci-contre.
Magnifique photographie d'appareils de la VBF-83 stationnant, ailes repliées, sur le pont de l'*USS Essex*. Après avoir combattu au-dessus d'Iwo Jima, ces appareils partiront vers le Japon, faisant partie des premiers « Tokyo Raiders ». À noter que les ailes ne sont pas pourvues de leurs supports de roquettes. *(USN)*

Deux nez blancs de la VMF-114 « Death Dealers » vus sur une base de l'île de Peleliu, en 1945. Les pilotes de cette unité ne remportèrent aucune victoire, mais il est vrai que leur affectation était surtout l'appui-feu lors des terribles combats livrés pour la prise de cette île. *(USMC)*

FG-1D de la VMF-312 dénommée « Day's Knights » et « Checkerboards » sur la base de Kadena, à Okinawa, en 1945. Avec ses ailes armées de huit roquettes HVAR « Holy Moses » de 127 mm, l'appareil s'apprête à recevoir une deuxième bombe de 450 kg, avant de s'envoler pour l'île japonaise de Le Shima.
(USMC)

F4U-1D N° 807 du *2nd Lt.* James R. Misley de la VMF-122 « Werewolves », présente à Peleliu d'octobre 1944 jusqu'à la fin de la guerre. 48,5 victoires furent comptabilisées par ses pilotes. Le *Capt.* E. A. Powell fut le seul as de cette unité, avec cinq victoires.

FG-1D N° 3 de l'*Ens.* F. A. Lundgren de la VBF-1 « The Royal Flushers », embarquée sur l'*USS Bennington* en 1943. Pour l'anecdote, cette unité participa à l'attaque du cuirassé japonais *Nagato* en juillet 1945.

FG-1D du *1st Lt.* Robert R. Klingman de la VMF-312 « Checkerboards », présente à Le Shima d'avril à septembre 1945. Cette unité totalisera 60,5 victoires et comptera deux as. 0,5 victoire.

F4U-1D N° F-107 du *1st Lt.* Phillip Cunliffe Delong, de la VMF-212 « Hell Hounds » et assigné ensuite à la VMF-224, vu ici lors de son retour aux États-Unis. Le fuselage s'orne de 12 marques de victoire. Delong remportera deux victoires supplémentaires en Corée. Cherry Point 1944. 11,166 victoires.

F4U-1D N° 75 du *Capt.* Robert J. Owens de la VMF-224 « Fighting Wilcats », vu aux États-Unis en 1944. MCAS Cherry Point. Sept victoires.

Décoration très élaborée pour ce FG-1D du *Lt. Col.* Donald K. Yost de la VMF-351, embarquée sur l'*USS Cape Gloucester* d'avril à septembre 1945. Ce pilote remporta tout d'abord six victoires sur F4F Wildcat au sein de la VMF-121, puis deux sur Corsair. Huit victoires.

99

Ci-contre, à gauche.
Très belle vue au crépuscule de F4U-1D de la VMF-214, appontant ou s'apprêtant à apponter sur le pont de *L'USS Franklin* en 1945. *(USN)*

En haut.
Un FG-1D de la VMF-512 prend son envol depuis le pont de l'*USS Gilbert Islands*, en juin 1945. *(USN)*

Ci-contre.
Sur le pont de l'*USS Gilbert* Islands, en mars 1945, un F4U-1D codé EE 55 appartenant à la VMF-512, s'apprête à être catapulté. *(USN)*

Ci-contre.
Bien embarrassé par son parachute siège, le *Lt. Col.* Thomas C. Colt s'apprête à descendre de son F4U-1D surnommé « Skippers Orchid », représentant une jeune femme assise au fond d'un verre. *(USN)*

des canons pour le CORSAIR F4U-1C

BASÉ SUR LA CELLULE DE F4U-1D DE PREMIÈRE génération et fabriqué uniquement par Vought, le F4U-1C ne diffère de ses prédécesseurs que par l'adjonction de quatre canons M2 (variante américaine du canon Hispano-Suiza) de 20 mm en lieu et place des six mitrailleuses Browning de 12,7 mm.

Cette nouvelle configuration entraîna, pour les F4U-1D plus tardifs transformés pour l'attaque au sol, l'abandon de deux points d'emport de roquettes sous chaque aile. Malgré le pouvoir hautement destructeur des munitions de 20 mm, celles-ci étaient moins nombreuses et certains pilotes semblaient préférer la précédente dotation, plus importante, de munitions de calibre 12,7 mm : 2400 cartouches contre 924 obus de 20 mm !.. Atout non négligeable en combat aérien.

Les obus de calibre 20 mm convenaient néanmoins parfaitement aux missions d'attaque au sol et loin d'être oubliée, l'idée d'installer les quatre canons de 20 mm fut donc définitivement adoptée pour le Corsair à partir du modèle F4U-4B et jusqu'au F4U-7, ultime version du fabuleux oiseau. La production du F4U-1C revêtit un caractère pour ainsi dire anecdotique, puisqu'elle ne compta que 200 exemplaires.

F4U-1C flambant neuf, vu ici aux États-Unis, paré de sa livrée trois tons en vigueur jusqu'en mars 1944.
Cet appareil comptant parmi les quelque 200 exemplaires produits partira peut-être vers le Pacifique.
(Vought)

F4U-1C attribué à un *Marine Corps Fighter Squadron* non identifié. Le cliché de mauvaise qualité dont s'inspire le profil, ne permet pas de définir la couleur exacte de l'anneau frontal. En revanche, les canons semblent avoir été repeints dans une couleur claire. En dépit des problèmes rencontrés avec ce nouvel armement, des pilotes comme ceux de la VMF-311 « Hell's Belles », basée à Okinawa, remportèrent de nombreuses victoires à bord de ce type d'appareil.

Le F4U-1C n° 277 saisi sous un autre angle de vue. Si la production de Corsair U-1C équipés de quatre canons demeure anecdotique, cette configuration sera néanmoins reprise plus tard pour équiper toutes les nouvelles générations de Corsair, tels les F4U-4B, F4U-5, AU-1 et F4U-7, l'armement standard alaire, avec six mitrailleuses de calibre 50, étant définitivement abandonné. *(Vought)*

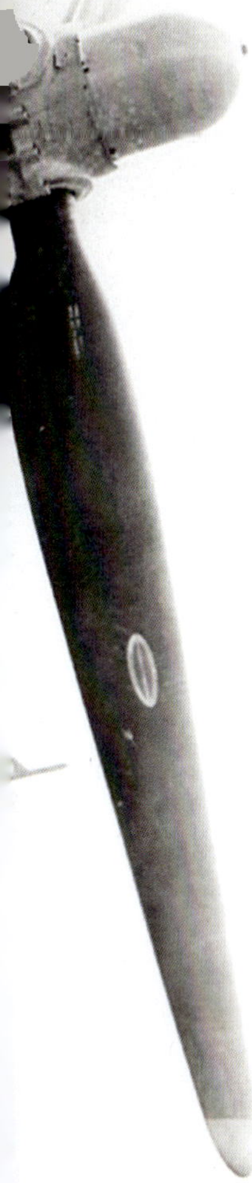

Durant l'année 1945 le *Major* Chamberlain, *Commandor* do la VMF-314 « Bob's cats », prend la pose devant son F4U-1C. Cette belle vue permet d'apprécier la nouvelle configuration d'armement alaire composée de quatre canons Hispano M2. À noter que le Corsair emporte un seul réservoir supplémentaire et que, comme souvent pour les appareils du corps des Marines, la crosse d'appontage, inutile pour les avions basés au sol, a été ôtée. *(DR)*

(USMC)

CORSAIR Mk I-IV
Au service de Sa Majesté

CONTRE TOUTE ATTENTE, c'est dans des cieux européens et sous les couleurs britanniques que le Corsair effectua sa première mission opérationnelle au départ d'un porte-avions.

Page suivante.
Lors de leur entraînement à Quonset Point Rhode Island, en 1943, un des pilotes, du *1833 Naval Air Squadron*, tout sourire, grimpe dans un Corsair MK II.
(USN)

S'accommodant plus rapidement que les Américains des défauts du Corsair embarqué, en recourant notamment à une technique d'approche particulière en phase d'appontage, les Britanniques purent en effet utiliser le Corsair à bord du *HMS Victorious* dès début avril 1944.

Le même mois de la même année, l'US Navy donna enfin son accord pour l'emploi opérationnel des Corsair sur le pont de ses porte-avions même si, comme indiqué plus haut, les premières unités ne furent embarquées qu'en décembre 1944.

Ailes rognées… ou pas

Les Anglais étant fidèles à eux-mêmes, la dénomination des différents modèles de Corsair changea, ainsi que les teintes de camouflage.

Autre particularité, mais qui ne fut pas systématique, les hangars des porte-avions britanniques étant plus « bas de plafond » que les bâtiments américains, une partie des saumons d'ailes fut tronquée pour permettre aux appareils d'être stockés ailes repliées.

Les Mk I (verrière Birdcage) ne semblèrent pas concernés par cette « chirurgie ». On peut penser que cette pratique s'appliqua donc à partir du modèle Mk 2, mais certains clichés montrent des appareils n'ayant pas subi cette ablation : sans doute encore une subtilité très anglaise dont nous ignorons la raison.

La nouvelle dénomination s'articula comme suit :
- le F4U-1 Birdcage devint le Corsair Mk I
- le F4U-1 devint le Corsair Mk II
- les F3A-1 fabriqués par Brewster devinrent les Corsair Mk III
- les FG1 et FG1-D fabriqués par Goodyear devinrent les Corsair Mk IV

Afin de s'harmoniser avec les autres appareils embarqués, les Corsair Mk I, II et III reçurent un nouveau schéma de camouflage. Seuls les appareils fabriqués par Goodyear (Corsair Mk IV), revêtus du bleu marine *glossy sea blue* et portant déjà les cocardes anglaises semblent avoir échappé à la nouvelle tenue. Les surfaces supérieures étaient donc camouflées en gris foncé *extra dark sea grey* et gris-vert *dark slate grey*. L'intégralité des surfaces inférieures était bleu-vert pâle *sky*.

En observant certaines photos, on constate qu'après plusieurs mois de service ces teintes s'étaient considérablement affadies, la distinction entre les deux couleurs des surfaces supérieures devenant difficile, a fortiori sur les clichés noir et blanc.

Avec la réception d'environ deux mille Corsair (entre 1960 et 2012, selon les sources), la Royal Navy devint de fait la plus grande utilisatrice du F4U après, bien évidemment, l'USN et l'USMC.

Ci-dessous.
F4U-1D du *No 19 Squadron* observé sur l'île de Bougainville en 1944. Cet appareil sera perdu en mer le 19 décembre de la même année, suite à une avarie moteur. L'intégralité des surfaces est peinte en glossy sea blue. L'absence de cocarde sous l'aile gauche dénote un marquage en six points, contrairement à la plupart des appareils de la RNZAF portant les marquages de nationalité en huit points.
(RNZAF

Alignement de Corsair Mk I du *1830 Sqn*, vus en 1943. Les saumons d'ailes de ces Birdcage ne sont pas rognés, cette modification ayant débuté seulement à partir des Corsair II, pour s'adapter à la hauteur de plafond des bâtiments anglais. À noter que tous les appareils ne furent pas concernés. *(DR)*

Le 13 avril 1945, un Corsair MK II du *1830 NAS* en très mauvaise posture suite à un appontage raté sur le pont du *HMS Illustrious*. Les larges marquages de nationalité permettaient une identification rapide, évitant ainsi toute confusion avec des appareils ennemis. *(DR)*

Un Corsair Mk II sur le *HMS Khedive* avec l'arrière du fuselage hors du pont grâce au système « outriggers »: tout l'art du gain de place sur les bâtiments de « Sa Majesté ». La photo prise dans l'océan Indien en 1945 est assez rare car le *Khedive* n'embarquait habituellement que des Grumman Hellcat. *(DR)*

Prise au-dessus du territoire des États-Unis, cette photographie datant de 1943 présente des Corsair Mk I aux mains des pilotes britanniques durant leur entraînement à bord de leurs nouvelles montures. Cette formation au pilotage du Corsair se déroulait à la *Naval Air Station* de Brunswick, dans le Maine. *(USN)*

Au large de la Norvège, en 1944, le pont du *HMS Formidable* envahi par des Corsair Mk II et des Fairey Barracuda. Assigné à la *British Pacific Fleet* en 1945, le *Formidable* rejoindra les eaux du Pacifique et prendra part à la bataille d'Okinawa. *(DR)*

Un matin du mois de décembre 1943, au large de la Norvège, ce Corsair Mk II du *1830 NAS* codé 7L s'apprête à quitterle pont du *HMS Illustrious*. À noter l'effet de vortex engendré par l'hélice. Au début de l'année 1944, le bâtiment rejoindra le Pacifique. *(DR)*

Un Corsair Mk IV du *1846 Sqn* piloté par le *Lt.* Henri Adlam s'apprêtant à apponter sur le *HMS Colossus*, bâtiment sur lequel ce *Squadron* était embarqué pendant l'année 1945. L'appareil porte les imposants marquages de nationalité adoptés pour le théâtre d'opérations extrême-oriental. *(DR)*

Deux photos prises à quelques minutes d'intervalle, avant et après installation des bombes et de la mise en route des moteurs. Le cliché date de décembre 1944, quand ces appareils appartenaient au *No 21 Squadron*. Les surfaces supérieures des appareils N° 47 et N° 50 « Struggle Buggy » ont été fraîchement repeintes en bleu marine *glossy sea blue*. À noter l'inhabituelle petite taille de la charge, les Corsair emportant généralement une bombe de 227 kg, ainsi que la différence de calligraphie des numéros des quatre appareils. *(RNZAF)*

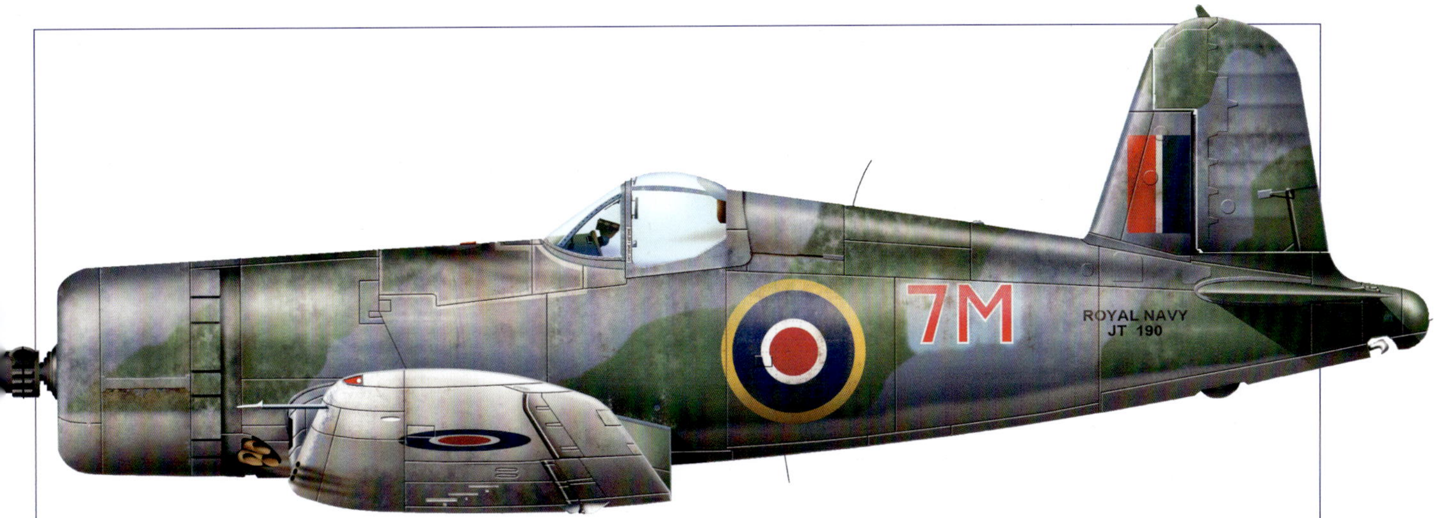

Ces deux Corsair I (en bas) et II (Royal Navy F4U-1 Birdcage) appartiennent au *No 1837 Squadron*, vu au centre d'entraînement de la *Naval Air Station* de Brunswick, aux États-Unis, durant l'année 1943 où les pilotes britanniques apprenaient à dompter une monture toute nouvelle pour eux.

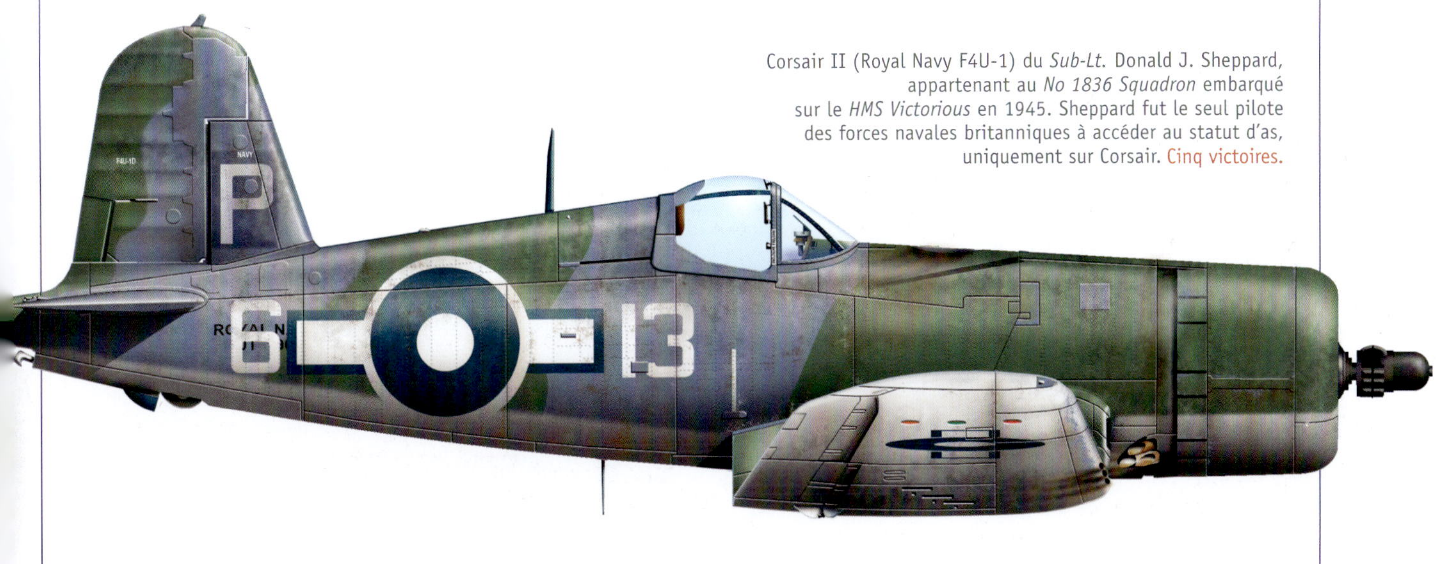

Corsair II (Royal Navy F4U-1) du *Sub-Lt.* Donald J. Sheppard, appartenant au *No 1836 Squadron* embarqué sur le *HMS Victorious* en 1945. Sheppard fut le seul pilote des forces navales britanniques à accéder au statut d'as, uniquement sur Corsair. Cinq victoires.

Page suivante en haut. F4U-1D du *No 24 Squadron* alourdi de trois réservoirs, une configuration observée lorsque l'appareil s'apprête à passer de longues heures au-dessus de l'océan. Le camouflage est très abîmé par les conditions climatiques et la poussière abrasive du sol corallien. On peut noter sur le capot la présence de pièces « cannibalisées » sur d'autres appareils hors d'usage. *(RNZAF)*

Corsair au-dessus des fjords

Le fait le plus connu sera *l'opération Tungsten,* énième mission élaborée afin de détruire le cuirassé allemand *Tirpitz.* Les Corsair des *NA Squadrons No 1834* et *No 1836* furent embarqués sur le *HMS Victorious,* et participèrent à cet événement le lundi 3 avril 1944.

Les Corsair agirent seulement en mission de couverture aérienne, afin d'éviter toute riposte allemande durant l'assaut et le retour de mission, protégeant ainsi les deux groupes de 21 bombardiers en piqué Fairey Barracuda, ainsi que les chasseurs Hellcat, Wildcat et autre Seafire. Cette protection s'avéra inutile, les pilotes de Corsair anglais ne rencontrant aucun appareil de la Luftwaffe lors de cette présence éclair au-dessus des fjords.

En juillet 1944, le Corsair sera à nouveau embarqué, cette fois sur le *HMS Formidable* dans le cadre de l'opération Mascot, puis en août de la même année pour l'opération *Goodwood,* deux missions, une fois encore destinées à couler le *Tirpitz,* sans succès.

Lors de l'opération *Goodwood,* qui se déroula sur trois jours, les Corsair furent employés dans un nouveau rôle, celui de détruire les défenses anti-aérienne, mission dangereuse lors de laquelle cinq Corsair furent perdus. Comme lors de l'opération *Tungsten,* aucune présence de la Luftwaffe dans le ciel: le 29 août, la Kriegsmarine demanda pourtant le renfort de chasseurs, une supplique qui se solda par un refus.

Océans Indien et Pacifique

La FAA fit route tout d'abord vers l'océan Indien, opérant en Birmanie et à Sumatra en Indonésie, mais aussi au-dessus des Indes hollandaises. Les premières missions d'importance furent l'attaque de Sabang (dans les Indes Hollandaises) et de Port-Blair (dans les îles Andaman). Le but de ces deux opérations consistant en fait en une diversion permettant aux Américains l'installation d'une flotte aérienne importante en Nouvelle-Guinée.

Les opérations menées par les Corsair anglais, à cause du manque d'expérience, n'étaient pas d'une grande efficacité et bien souvent décevantes. Il aura fallu beaucoup d'entraînement supplémentaire et de pratique, pour que la FAA s'affirme en tant que force aérienne digne de ce nom. C'est donc plus aguerris, que les pilotes anglais furent envoyés ensuite dans le Pacifique où ces derniers menèrent, entre-autre, des opérations conjointes avec leurs homologues américains.

Corsair pour les pilotes des antipodes

La participation des unités de la *Royal New Zealand Air Force* (RNZAF) contribua très largement aux victoires acquises sur le terrain de ce théâtre de plus en plus sanglant que devenait le Pacifique.

En 1943, dans le cadre de leur programme de prêt-bail, les États-Unis livrèrent progressivement à la RNZAF de nombreux modèles d'avions, comme des Avenger, Ventura, Dauntless et autres Catalyna. Appareil résistant, convenant pour assurer l'appui au sol requis par les fantassins américains, australiens et néo-zélandais, le Corsair arriva plus tard. Les premiers appareils (désassemblés) furent débarqués en mars 1944 sur l'île d'Esperitu Santo, dans les Nouvelles-Hébrides.

Dès juin 1944, cent appareils avaient déjà été assemblés et soumis aux essais en vol. Les « Kiwis » délaissèrent leurs Curtiss P-40 devenus obsolètes pour grimper à bord du fameux Corsair précédé d'une plus ou moins bonne réputation. N'étant pas un avion « facile », ce dernier refroidit quelque peu l'enthousiasme, du moins au début, et il faudra de nombreuses heures d'apprentissage aux pilotes pour s'accoutumer aux « subtilités » de leur toute nouvelle monture. Malheureusement, le ciel du Pacifique ayant été pratiquement nettoyé des appareils à ronds rouges, les Néo-Zélandais n'auront pas l'occasion de prouver leurs talents de prédateurs (99 victoires aériennes, plus 24 probables à bord de leurs P-40) et aucune victoire à bord du Corsair ne sera enregistrée.

Leurs principales missions au-dessus de l'île de Rabaul, la plus grande base japonaise de Nouvelle-Guinée, et de l'île de Bougainville, furent donc celles d'escorte et d'attaque au sol; ils y excellèrent, harcelant sans cesse les troupes japonaises et détruisant des installations d'importance, comme des dépôts de carburant et des sites d'assemblage d'avions.

Ces succès eurent néanmoins des contreparties dramatiques, les pilotes des antipodes payant un lourd tribut (56 pilotes tués) essentiellement dû à la défense antiaérienne, mais aussi à de très nombreux accidents et pannes (154 appareils perdus).

En un peu plus d'un an, les États-Unis auront fourni à la RNZAF, 237 F4U-1, 127 F4U-1D et 60 FG1-D, ces derniers étant livrés en fin de conflit, de juin à août 1945, et versés aux *Squadrons 14* et *17* basés sur l'île de Los Negros, en Papouasie-Nouvelle-Guinée. En mars 1946, ces derniers Corsair seront déployés sur la base d'Iwakuni, au Japon, venant se joindre aux forces d'occupation du Commonwealth.

Des camouflages très particuliers

Le très grand intérêt des Corsair de la RNZAF en matière de schéma de camouflage réside dans un manque certain de constance et d'unité. Si certains appareils ont conservé le camouflage américain d'origine, l'étude des photographies révèle que les F4U-1 et F4U-1D ont donné lieu à une foule d'interprétations de la part des mécaniciens de terrain, un Corsair ressemblant rarement à son voisin.

Voici les conclusions de chercheurs ayant « planché » sur la déroutante question des modifications de schéma apportées par les Néo-Zélandais:

- Bleu clair *ocean blue* (une couleur proche du bleu *PRU blue* de la RAF) pour les surfaces supérieures et le dessous de la section extérieure repliable des ailes. Blanc *non specular insignia white* pour les surfaces inférieures.
- Bleu clair *ocean blue* pour les surfaces supérieures et le dessous de la section extérieure des ailes. Gris clair *non specular light grey* pour le bas des flancs du fuselage et les surfaces du dessous.
- Bleu marine *glossy sea blue* pour les surfaces

F4U-1 du *N° 19 Squadron* piloté par le *Flight Seargent* D. Howlett. L'appareil emporte une bombe de 227 kg et s'apprête à décoller depuis une base de Bougainville en 1944. Le lance-bombe semble avoir été « bricolé » à partir du modèle de série fabriqué par Brewster. Cet appareil sera perdu à la suite d'une panne moteur lors du décollage. *(RNZAF)*

Ci-dessus.
F4U-1 du *No 20 Squadron* durant sa présence à Guadalcanal. Cet appareil sera ensuite transféré au *No 14 Squadron* en juillet 1944. Le 14 de ce même mois, le *Flying Officer* B. Hay posera son appareil sur le ventre, suite à des problèmes hydrauliques dus à des tirs de défense antiaérienne japonaise.
(RZNAF)

Ci-dessous.
Alignement de F4U-1 versés au *No 17 Squadron* à la fin de leur carrière. Leurs dernières opérations se déroulèrent en juillet et août 1945 depuis l'île de Los Negros, en Nouvelle-Guinée. On voit bien ici l'absence de l'inutile crosse d'appontage qui, avec la suppression des crochets de drain de catapulte, réduisait le poids de plus de 20 kg.
(RNZAF)

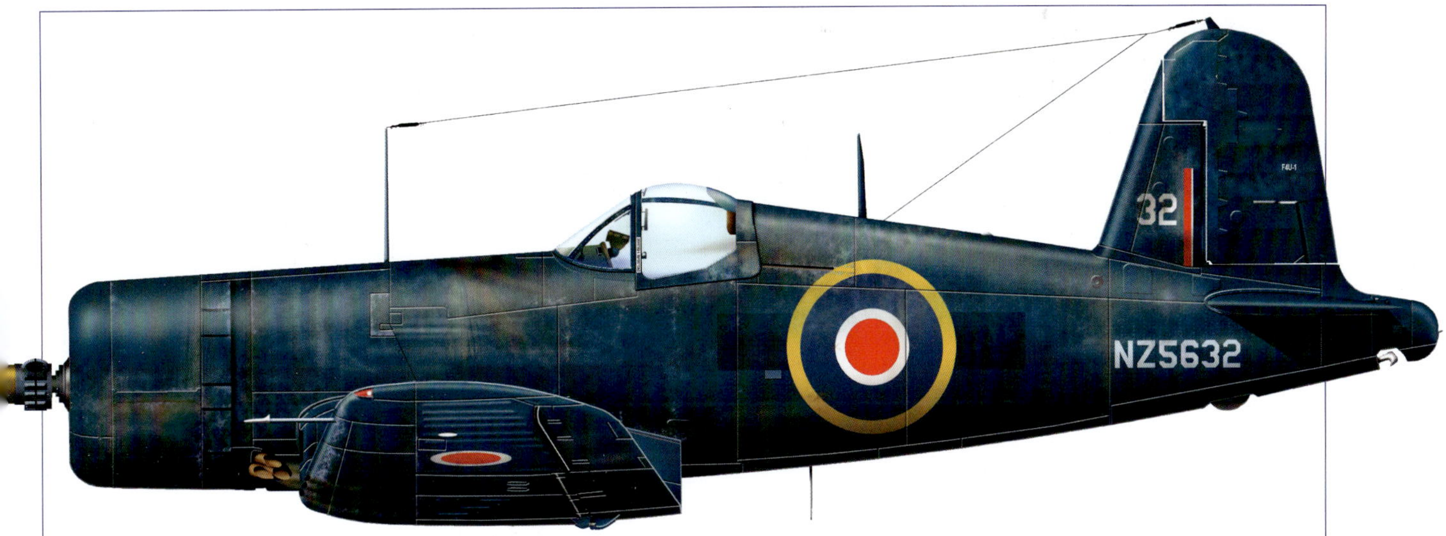

F4U-1D de la RNZAF arborant les cocardes à l'anglaise. L'appareil est entièrement revêtu de la teinte américaine *glossy sea blue*, et on peut encore apercevoir les barres blanches hâtivement repeintes en bleu.

Corsair II (Royal Navy F4U-1) appartenant au *No 47 Wing* embarqué sur le *HMS Victorious* en janvier 1945. À noter la finesse du « T » tracé sommairement à la main avant d'être reproduit plus tard suivant les bonnes directives.

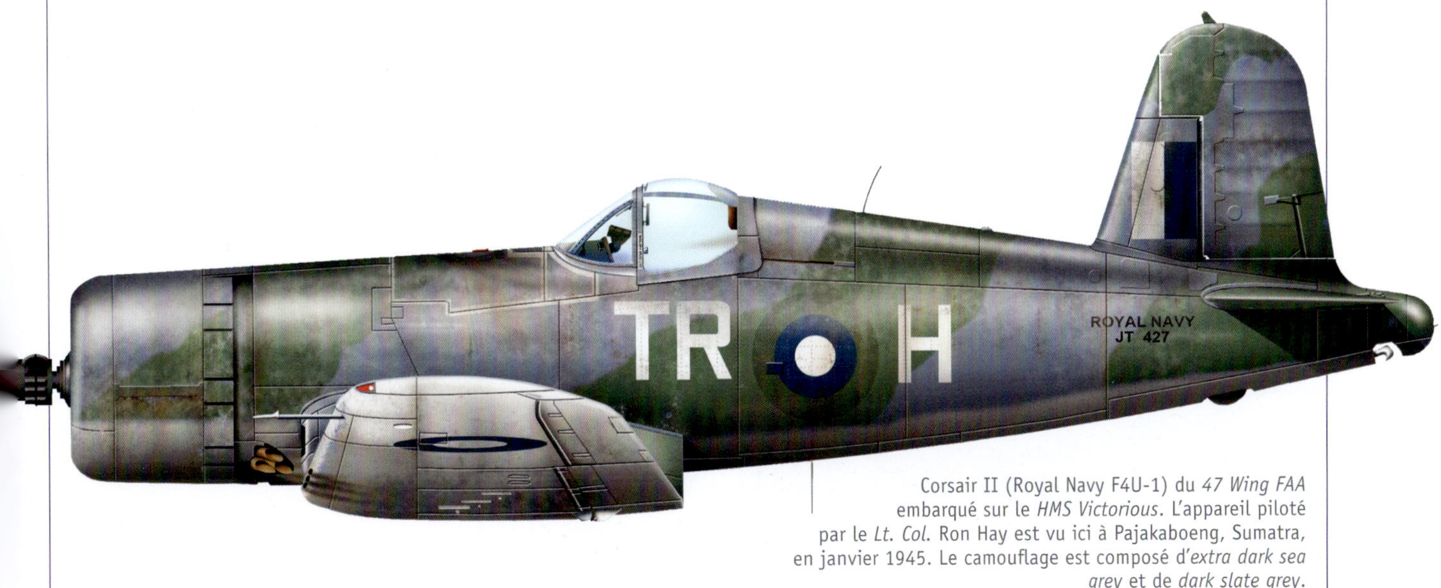

Corsair II (Royal Navy F4U-1) du *47 Wing FAA* embarqué sur le *HMS Victorious*. L'appareil piloté par le *Lt. Col.* Ron Hay est vu ici à Pajakaboeng, Sumatra, en janvier 1945. Le camouflage est composé d'*extra dark sea grey* et de *dark slate grey*.

Corsair IV (Royal Navy FG-1) du *No 1843 NAS*, vu ci alors qu'il était embarqué sur le *HMS Arbiter* en 1945. L'intégralité des surfaces est revêtue du *glossy sea blue* américain.

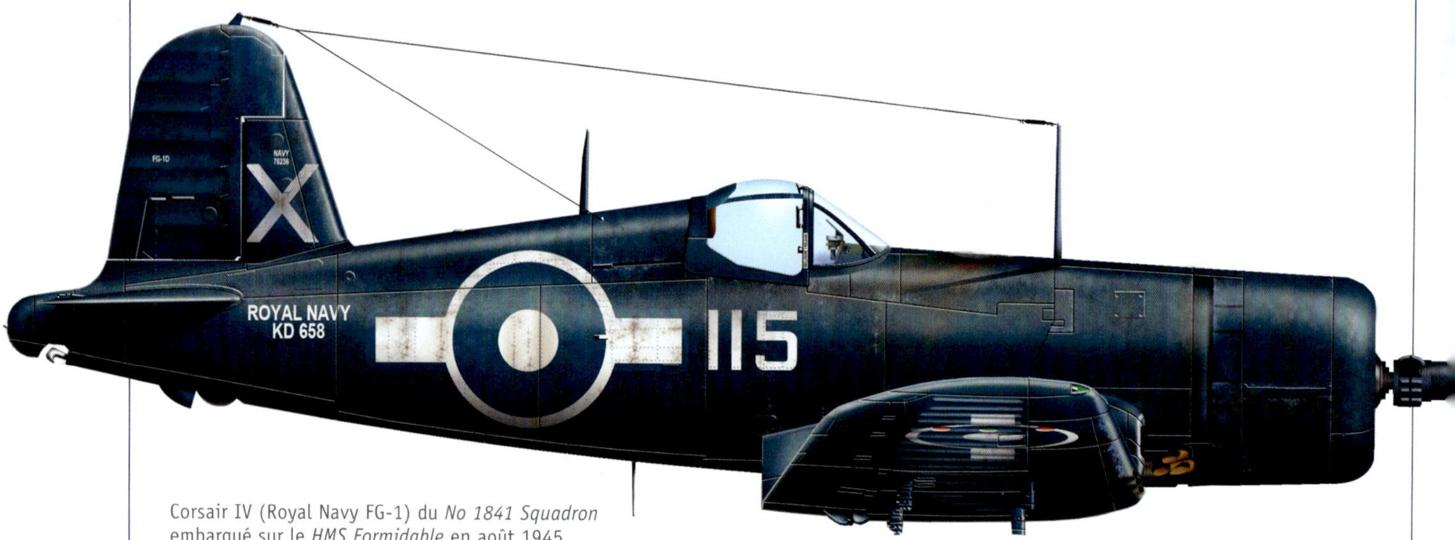

Corsair IV (Royal Navy FG-1) du *No 1841 Squadron* embarqué sur le *HMS Formidable* en août 1945. L'appareil est intégralement peint en *glossy sea blue* et arbore les larges marquages adoptés pour le théâtre extrême-oriental.

F4U-1D du *No 19 Squadron*, vu sur l'île de Bougainville en 1944. L'appareil est intégralement revêtu de la teinte américaine *glossy sea blue*. L'absence de cocarde sous l'aile gauche dénote un marquage en six points, fait assez inhabituel pour un Corsair néo-zélandais.

F4U-1 codé NZ 5240 photographié, fait assez rare, depuis un autre Corsair. Les délimitations du schéma de camouflage trois tons d'origine sont encore assez marquées, et ce malgré les rudes conditions climatiques. À noter le discret « Fin Flash » rouge blanc bleu peint sur le plan fixe de la dérive. *(RNZAF)*

supérieures, bleu moyen non specular intermediate blue pour le dessous de la section extérieure de l'aile.

Blanc *non specular insignia white* pour le bas des flancs du fuselage et les surfaces du dessous.

- Bleu marine *glossy sea blue* pour les surfaces supérieures. Bleu-vert pâle *duck egg blue B* pour le bas des flancs du fuselage, les surfaces inférieures et l'intégralité des dessous d'ailes.

- Bleu marine *glossy sea blue* pour les surfaces supérieures et le dessous de la section inférieure des ailes. Bleu *non specular intermediate blue* pour les surfaces inférieures, le dessous de la section extérieure des ailes, la dérive et son gouvernail.

- Bleu marine *glossy sea blue* pour les surfaces supérieures et le dessous de la section extérieure de l'aile. Blanc *non specular insignia white* pour les surfaces inférieures.

- Bleu marine *glossy sea blue* pour l'intégralité des surfaces, supérieures et inférieures.

- Bleu marine *glossy sea blue* pour les surfaces supérieures et le dessous de la section extérieure des ailes. Gris clair *non specular light grey* pour les surfaces inférieures.

Tout cela est bien compliqué, sans parler des cocardes qui présentaient aussi, quelquefois, des disparités dans les couleurs.

Concernant ces dernières, la cocarde de substitution néo-zélandaise était peinte sur l'étoile américaine.

Le fait de conserver les bars blanches à liseré bleu de l'ancien marquage garantissait à la défense antiaérienne et aux pilotes amis une identification rapide évitant tout risque de confusion avec le disque japonais.

À noter que quelques rares appareils ont arboré le marquage de nationalité en six points, au lieu des huit points adoptés par les Corsair de la RZNAF.

Deux F4U-1D repeints en bleu marine *glossy sea blue*, observés en novembre 1944. Au premier plan, un appareil du *No 19 Squadron*, le suivant appartenant au *No 15 Squadron*. Les deux avions emportent le réservoir largable classique central de 606 litres. *(Droits réservés)*

CORSAIR F4U-4
Une arrivée tardive

LE F4U-4 VA SE DISTINGUER par sa modernité et marquer la transition entre le déjà fameux F4U-1D et la génération à venir des Corsair d'après-guerre.

Une formation de F4U-4 de la VMF-212 « Hell Hounds » en plein virage au-dessus d'Okinawa. Cette unité reçut les premiers « Dash 4 », dernière version modernisée du Corsair, en juin 1945, trop tard, donc, pour tester les aptitudes au combat du dernier né de la lignée du Corsair. *(USMC)*

Définitivement abandonnée, l'hélice tripale laisse place à une hélice quadripale Hamilton Standard, entraînée par une nouvelle motorisation P & W R-2800-18W d'une puissance de 2 100 CV nominaux (qui laissera ensuite place au P & W R-2800-42W – la lettre W indiquant les moteurs pouvant recevoir l'injection d'un mélange d'eau et de méthanol et portant en l'occurrence la puissance à 2 450 CV durant quelques minutes).

Cette motorisation est équipée d'un compresseur à double étage lui permettant de conserver ses performances à basse comme à haute altitude. Une large entrée d'air, installée sous l'anneau frontal, alimente cette mécanique complexe. Les sorties d'échappement ont fait l'objet d'un nouveau design.

Le cockpit a lui aussi été considérablement modifié :

— remplacement du siège traditionnel par un modèle baquet plus enveloppant et entièrement blindé ;

— ajout d'une console sous le tableau de bord passant entre les pédales ;

— intégration d'un plancher, absent des précédentes variantes ;

— adoption du pare-brise plat en verre blindé (même si les premiers F4U-4 conservent le pare-brise arrondi classique) et suppression de la « casquette » de verrière.

S'agissant de l'armement, les points d'emport de charges demeurent identiques à ceux du F4U-1D, seuls les deux pylônes centraux ont été redessinés et renforcés afin de recevoir, notamment, des roquettes « Tiny Tim » (11,75 inches de diamètre) ou des réservoirs supplémentaires et autres bidons de napalm. Les points d'emport d'ailes peuvent quant à eux recevoir des roquettes HVAR *(High Velocity Aerial Rocket)* ou des bombes légères.

Le F4U-4 arrive sur le tard dans le conflit. En effet, il subira son baptême du feu en avril 1945, entre les mains des Marines.

Cette moderne et redoutable version du Corsair, encore améliorée, aura néanmoins l'occasion de se distinguer cinq ans plus tard, lors du terrible conflit de la guerre de Corée, mais ceci est une autre histoire…

F4U-4 de la VBF-82 « Checkmates », embarqué sur l'*USS Randolf*. La photo date probablement de 1946, lorsque le porte-avions croisait en Méditerranée. Les surfaces de l'appareil sont particulièrement éprouvées. À noter également la couleur bleue *Insignia Blue* des marquages bien plus foncée que le *Glossy Sea Blue* du revêtement général de l'avion. *(USN)*

Manœuvres de F4U-4 de la VMF-224 « Fighting Wildcat » sur une base d'Okinawa durant l'été 1945. Sur le bas des flancs arrière du fuselage du sujet principal, on peut voir les traces imprimées par les gaz brûlants sur la peinture glossy sea blue. Un phénomène dû au nouveau dessin des collecteurs d'échappements. *(USMC)*

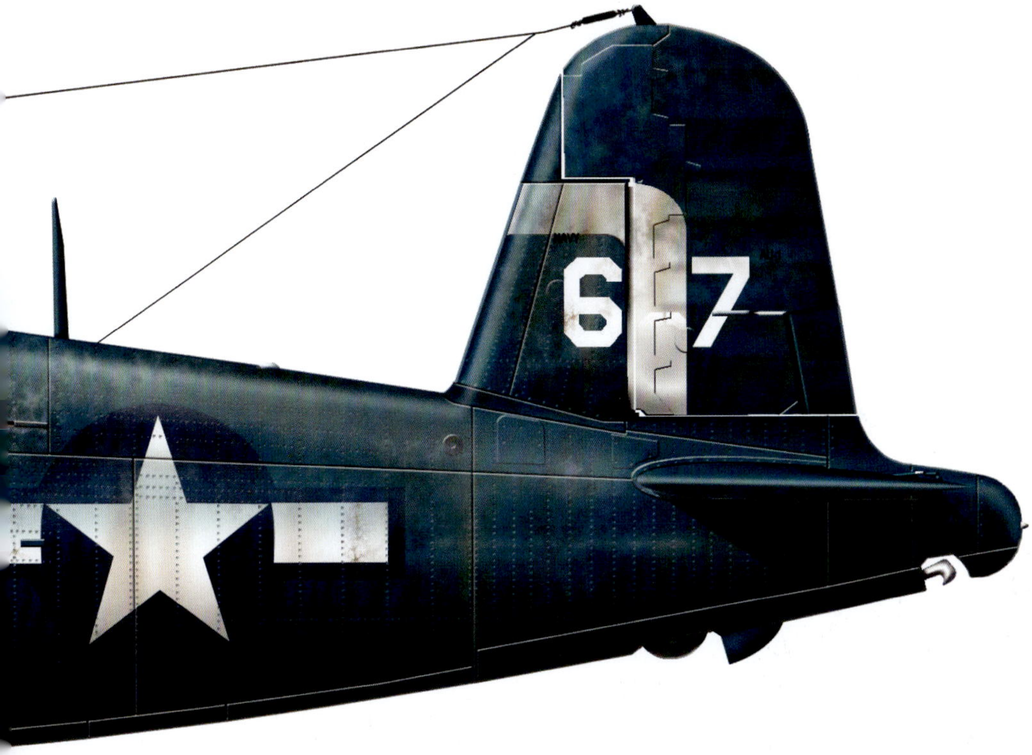

Ci-contre.
F4U-4 de la VBF-150, très probablement après le conflit, voire en 1946. Le marquage d'identification de la dérive est repris sur l'extrados des ailes et agrémenté d'un liseré de couleur foncée, bleu ou noir.

En bas, de gauche à droite.
F4U-4 de la VBF-150 embarquée sur l'*USS Lake Champlain*. Aucune date n'est indiquée pour ces deux photographies : difficile, donc, de dire si elles remontent aux derniers mois de conflit ou à l'après-guerre. Concernant le cliché de l'appareil aux ailes repliées, on remarquera cependant l'extrême propreté des surfaces ; la scène semble en outre posée et calme, ce qui évoque plus une ambiance de paix. À l'aplomb du pare-brise, on peut distinguer le patch de la VBF-150. *(USN)*

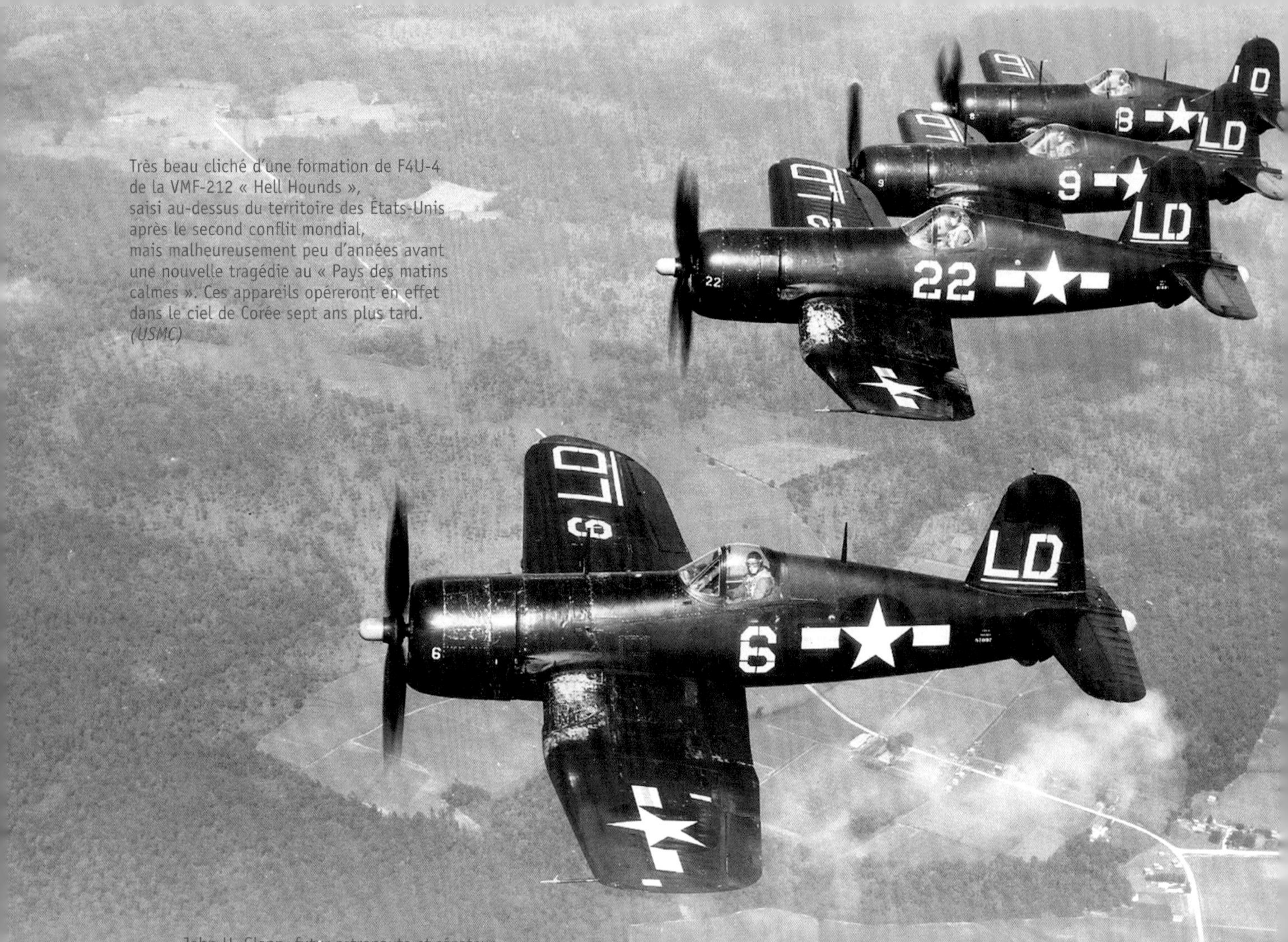

Très beau cliché d'une formation de F4U-4 de la VMF-212 « Hell Hounds », saisi au-dessus du territoire des États-Unis après le second conflit mondial, mais malheureusement peu d'années avant une nouvelle tragédie au « Pays des matins calmes ». Ces appareils opéreront en effet dans le ciel de Corée sept ans plus tard. *(USMC)*

John H. Glenn, futur astronaute et sénateur de l'Ohio, est aux commandes de ce F4U-4 de la VMO-155 volant au-dessus de la Californie. Dans les derniers mois du conflit, le F4U-4 fut essentiellement affecté aux missions d'attaque au sol et de bombardement, auxquelles participa activement John Glenn. Ce cliché fut pris quand il regagna les États-Unis pour former les pilotes sur ces Corsair de dernière génération. *(USN)*

L'après-Guerre
1945-1975

CORSAIR F2-G « Goodyear »

ou le souhait de la haute performance

NOMBRE DE PUBLICATIONS et articles laissèrent entendre que le développement du puissant Pratt & Whitney R-4360 fut concomitant au projet d'un nouveau Corsair haute performance confié à la Goodyear Aircraft Corporation. Or, l'étude de ce moteur débuta en 1940.

Le premier prototype de Corsair à en être équipé, un F4U-1 à verrière birdcage, fut le sixième appareil à tester cette motorisation, après un Vultee Vengeance 85, deux Vought V-326, un Republic XP-72 et un Vultee XA-41.

Une motorisation exceptionnelle

En 1939, le motoriste envisagea d'ajouter une troisième rangée de cylindres à son déjà fameux R-2800, mais le refroidissement de cette nouvelle couronne, placée très en arrière dans le capot, aurait été insuffisant.

Les ingénieurs abandonnèrent cette idée au profit d'un projet encore plus déraisonnable impliquant une quatrième couronne de cylindres. Le problème du refroidissement, rendu encore plus compliqué, fut pourtant résolu en installant les 28 cylindres selon un schéma de spirale facilitant la circulation de l'air.

Dès novembre 1940, les ingénieurs de Pratt & Whitney planchèrent sérieusement sur l'ambitieux projet du R-4360 ; à noter que cette désignation correspond à sa cylindrée de 4362,5 pouces cube, soit environ 71 litres.

La puissance développée était de 3000 CV, un gain de 600 CV pouvant être obtenu par injection d'eau. Construire le plus gros, le plus compliqué et le plus puissant moteur radial à pistons de l'histoire ne fut pas, on s'en doute, une mince affaire, et c'est seulement le 6 mai 1942 que les premiers tests en vol eurent lieu, à partir d'un prototype de Vultee Vengeance V-85.

Pratt et Whitney opta tout d'abord pour une production restreinte, et durant l'année 1943, dix modèles d'appareil (dont un Corsair F4U-1 Birdcage) furent équipés de cette motorisation à titre expérimental.

L'étonnant moteur R-4360 du motoriste Pratt & Whitney. On appréciera toute la complexité de ce monstre de 3 000 CV et l'implantation des 28 cylindres disposés en spirale, un schéma favorisant la circulation de l'air nécessaire à son refroidissement. *(Goodyear)*

Observé en 1943, un F4U-1 Birdcage, devenu F4U-1M suite au remplacement, à titre d'essai, de son moteur d'origine par le très puissant R-4360. L'appareil conserve son camouflage deux tons de début de production, alors que ses étoiles de fuselage (pas celles des ailes, apparemment) ont reçu les « bars » plus tardives.

F4U-1M Birdcage. Cet appareil est l'un des premiers prototypes à avoir été greffé du moteur P&W R-4360. Les surfaces repeintes intégralement en bleu s'agrémentent de parements jaunes, une couleur que l'on retrouve sur les trappes de train frontales, ainsi que sur les jantes de roues.

Ce prototype N° 5, dont le vol d'essai eut lieu le 31 mai 1944, est le premier Corsair Goodyear FG-1 à avoir reçu le P&W R-4360. Le capot jaune s'orne d'un « 5 » bleu (peut-être noir) et le plan fixe de la dérive a très probablement été repeint en rouge.

Ci-dessus.
Datant de 1943, une intéressante vue de deux F4U-1 Birdcage, dont l'un a reçu le nouveau moteur PW R-4360. On observera la différence d'encombrement des motorisations respectives. À noter également des disparités dans les schémas de camouflage et la conservation, sur l'appareil de droite, de la cocarde de début de guerre, sans les barres, malgré un positionnement en quatre points.
(NA)

Ci-contre.
Photographie issue d'une série montrant une chaîne d'assemblage de F2G à l'usine Goodyear d'Akron. Invisible sur ce cliché, le fuselage porte la dénomination F2G-1 peinte à la brosse, alors que les ailes arborent une mention F2G-2. Toutes les cellules seraient donc dénommées F2G-1, avant d'être rebaptisées F2G-2 quand le système de repliage hydraulique assujetti à la motorisation est installé. À noter que seule la partie repliable de l'aile est peinte.
(Goodyear)

Belle photographie, prise en 1946, d'un F2G-2 sur le tarmac de la *Naval Air Station* de Ford Island, à Pearl Harbor. La présence à ses côtés d'un F4U4 permet d'apprécier les différences flagrantes entre ces deux derniers-nés de Vought et de Goodyear.
(Joe Genne /CASU)

Ci-dessus.
Un pilote d'essai s'apprête à prendre possession d'un F4U-1M équipé du moteur R-4360. La première section de capot, la bande de la dérive, les trappes frontales du train et les jantes sont peintes en jaune. À noter une sonde Pitot supplémentaire, installée sur l'aile droite. On remarquera également la taille inhabituelle de la fourche de maintien de la roulette, rehaussée, qui confère une assiette moins cabrée à l'appareil, ce qui améliore (un peu) la vision vers l'avant du pilote. *(Goodyear)*

Ci-dessous.
Ce Corsair (BuNo 14091) est l'un des deux premiers appareils d'essai de la nouvelle cellule modifiée. Il porte désormais la dénomination FG-1A. La motorisation est encore le classique PW R-2800 animant une hélice tripale. La verrière bulle provient d'un P-47, et l'on peut voir, par-dessus le pare-brise d'origine, une coiffe en plexiglas permettant de rattraper la largeur de la verrière. À droite, on aperçoit le nez d'un Corsair motorisé par le nouveau PW R-4360 accompagné, comme il se doit, de son hélice quadripale. *(Goodyear)*

Ci-contre, à gauche.
Ce Corsair (BuNo 13471) est le premier FG-1 greffé du moteur Pratt & Whitney R-4360 à effectuer un vol d'essai le 31 mai 1944. Le capot, flanqué d'un large numéro 5, est peint en jaune, et il semble que le plan fixe de la dérive soit revêtu d'une teinte différente de la couleur d'origine, très certainement du rouge. À noter qu'un deuxième FG-1 (le 13472) reçut cette motorisation. *(Goodyear)*

Ci-contre.
Le prototype XF2G-1 (14691), au capot jaune orné d'un numéro 9, sera considéré comme le premier véritable F2G-1. Il est équipé du moteur R-4360 « emprunté » au FG-1 N° 5 de début des tests. À noter la présence d'obturateurs sur les bouches de mitrailleuses. Il est photographié ici à la *Naval Air Station* de Patuxent River. *(USN)*

Une greffe prometteuse

Une fois les premiers tests sérieux sur Corsair envisagés, une deuxième cellule de F4U-1 Birdcage fut mise à contribution, portant désormais la dénomination F4U-1 WM (ou F4U-1M, suivant les sources).

De nombreux essais préalables furent réalisés uniquement en configuration de roulage, avant un premier vol en septembre 1943. Malgré des résultats très encourageants, certaines performances demeuraient encore en deçà de celles escomptées. Certes, il s'agissait encore des balbutiements de cet accouplement spectaculaire.

Programme XF2G-1

Plus tard, deux cellules de FG-1 classiques (BuNo 13471 et 13472) furent mises à contribution afin de recevoir la greffe du R-4360. Orné d'un capot jaune et flanqué d'un large 5 noir (peut-être bleu marine), le 13471 fut le premier FG-1 à tester la puissante motorisation. Parallèlement, Goodyear planchait sur le nouveau design du futur Corsair.

La visibilité du pilote demeurant un point faible de cet appareil, deux cellules de FG-1 furent ainsi modifiées : abandon de la caractéristique courbure dorsale du Corsair (*Turtle Deck*), alignée sur le haut de la verrière, au profit d'un profil plus rectiligne pour installer une verrière en goutte d'eau (Tear Drop Canopy).

La première cellule (BuNo 14091) reçut une verrière bulle de Republic P-47D Thunderbolt : une coiffe moulée en plexiglas fut installée par-dessus le pare-brise d'origine, trop étroit, afin de s'adapter à la nouvelle « bulle ».

La deuxième cellule (BuNo 14092) équipée du même type de verrière bénéficiera d'un tout nouveau pare-brise adapté à la nouvelle forme. Certaines sources indiquèrent que ce pare-brise provenait d'un P-38, ce qui est totalement inexact, même si une certaine similitude existe. Ces deux appareils portant désormais l'appellation FG-1A étaient encore motorisés par le classique PW R-2800 qui entraînait une hélice tripale.

Après de très nombreux tests et évaluations, le prototype XF2G-1 (BuNo 14691) avec une cellule « relookée » sur laquelle venait se greffer le R-4360 emprunté à un précédent prototype (BuNo 13471) prendra son envol. Flanqué d'un large 9 sur son capot peint en jaune, cet appareil est considéré comme le premier F2G-1.

Une brute peu véloce

Le 22 mars 1944, le *Bureau of Aeronautic* (BuAer) programma la fabrication de 418 modèles F2G-1 et de 10 modèles F2G-2.

Le F2G sera donc décliné en deux versions : le F2G-1 à ailes fixes pouvant être relevées manuellement, tracté par une hélice de 14 ft (4,2672 m) et destiné au corps des Marines opérant à partir de bases maritimes.

Pour cette version, une question se pose. En effet, il y a une vingtaine d'années un ancien ingénieur de la GAC interrogé sur le sujet n'avait aucun souvenir d'un quelconque F2G-1 pouvant effacer ses ailes de façon manuelle : d'après lui, le système de relevage avait été supprimé et les ailes s'avéraient fixées définitivement.

Le F2G-2, destiné à être embarqué sur porte-avions, bénéficiait alors du système hydraulique de relevage des ailes, d'une crosse d'appontage et d'une hélice d'un diamètre de 13 ft (3,9624 m).

Doté de l'incroyable puissance de son R-4360, le Corsair F2G pouvait atteindre une vitesse ascensionnelle de 4 400 pieds/minute ; dans ses mémoires, un pilote d'essai déclara avec humour que son F2G-1 était monté très vite tellement haut qu'il avait attrapé

Ci-contre, à gauche.
Une cellule de F2G fraîchement sortie de la chaîne d'assemblage des usines Goodyear à Akron, dans l'Ohio. Le système de la roulette de queue a été modifié afin de rehausser la queue de l'appareil. Seule la section repliable des ailes est peinte et l'on peut voir le film de protection des parties vitrées partiellement pelé. *(Goodyear)*

Ce FG-1A est l'un des deux Corsair adoptant la nouvelle cellule totalement redessinée. La motorisation est encore le classique P&W R 2800 animant une hélice tripale. La verrière en « goutte d'eau » provient d'un P-47 Thunderbolt.

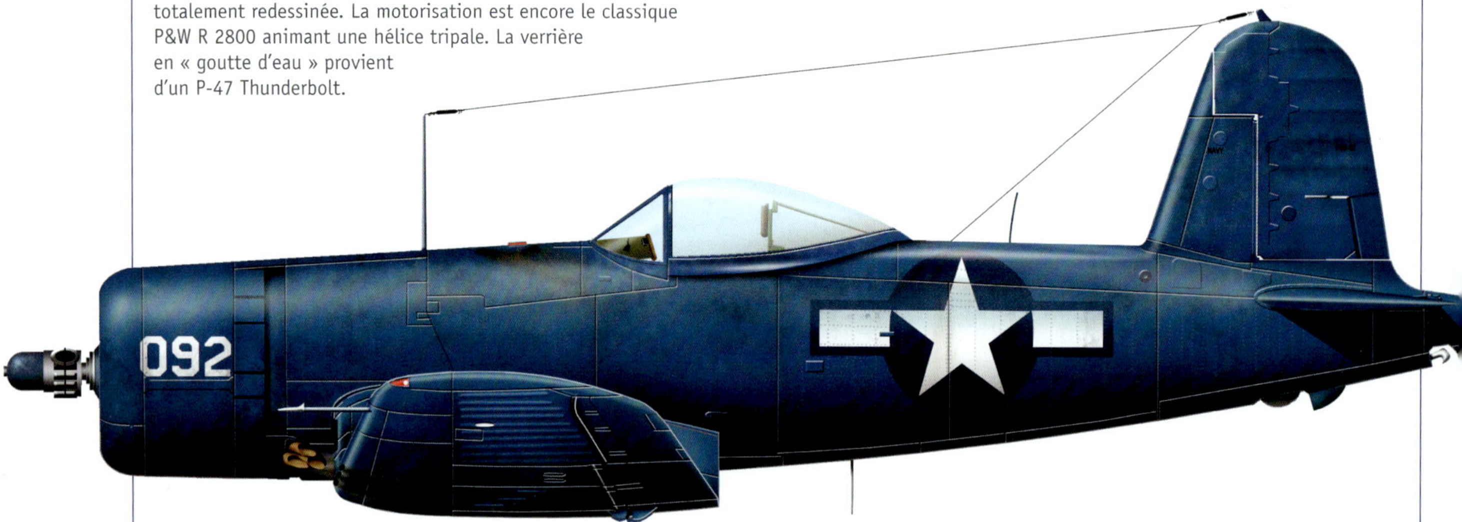

Ce prototype XF2G-1 au capot jaune flanqué, d'un « 9 » bleu, (peut-être noir) est considéré comme le premier F2G-1. Sa motorisation a été « empruntée » au FG-1 N° 5 de début de tests, vu plus haut.

Ce XF2G-1 à damiers blancs, piloté par Don Armstrong, fut détruit sur la base d'Akron (Ohio), site de Goodyear Aviation, lors d'une séance d'essais. La couleur de l'anneau frontal, mal définie, serait vraisemblablement du vert zinc chromate.

F2G-1 siglé TT (*Tactical Test*) sur la dérive, testé à la *Naval Air Station* de Patuxent River. La décoration à damiers, élaborée, apporte une belle touche de couleur à la livrée monotone du fuselage.

Cet appareil du NATC (*Naval Air Test Center*) fut le premier F2G-1 de production. Au cours des tests d'évaluation aux NAS de Patuxent River, puis de Norfolk, il reçut la nouvelle dérive rehaussée, agrémentée de son compensateur visant à corriger les tendances à embarquer de ce puissant appareil.

Ce Corsair du NATC est le dernier des F2G-1 produits par Goodyear. Une nouvelle et très large entrée d'air est testée. On retrouvera cet appareil dans sa version civile, utilisée pour les courses de Cleveland.

Ci-dessus.
Belle vue d'un F2G-1 saisie sur le tarmac de la *Naval Air Station* de Ford Island, à Pearl Harbor durant l'année 1946. Cet appareil est équipé de la nouvelle dérive rehaussée, dont on peut voir le large compensateur braqué à droite.
(USN)

Ci-dessous.
Vue plein profil de ce prototype XF2G-1 (BuNo 14692) permettant d'apprécier les lignes incomparables du nouveau Corsair dessiné par les ingénieurs de Goodyear Aircraft Corporation. Photo prise en 1945 à la *Naval Air Station* de Patuxent River. Le capot sera plus tard revêtu de damiers jaune et bleu, l'anneau frontal étant traité en vert zinc chromate. L'appareil sera perdu à la suite d'un crash en décembre 1945, à Akron, site de production de la GAC.
(US Navy)

« le mal du pays ». Cependant, lors des décollages à haut régime, l'appareil embarquait terriblement, ce phénomène se produisant également en vol horizontal et obligeant le pilote à compenser sans cesse au gouvernail.

La dérive et son gouvernail furent alors modifiés : l'ensemble fut rehaussé et le gouvernail, agrémenté en sa base d'une autre gouverne de compensation. Les appareils ainsi corrigés auraient été enregistrés avec le suffixe « D », mais les sources restent contradictoires à ce sujet. Malgré des améliorations apportées à la motorisation et à certains éléments de voilure, le F2G ne tint pas ses promesses. Sa vitesse en vol horizontal demeurait inférieure à celle de modèles de Corsair préexistants, comme le F4U-4. Le surpoids d'environ 295 kg par rapport à ce dernier ne devait pas arranger les choses. Goodyear décida donc de freiner l'étude de modifications susceptibles d'améliorer ses F2G, puis la production cessa. D'après des numéros de série répertoriés, il semble que seulement cinq modèles de F2G-1 (BuNo 88454 à 88458) et cinq modèles de F2G-2 (BuNo 88459 à 88463) furent livrés ; à noter que certaines sources parlent de dix F2G-2 construits.

En octobre 1944, la Navy reporta ses espoirs sur un appareil très prometteur, le F8F Bearcat de Grumman, dont les performances annoncées et réelles pouvaient enfin représenter une réelle menace pour les kamikazes. La *VF-19* réceptionna ses premiers Bearcat le 21 mai 1945, mais à l'instar du Corsair F2G, le chasseur de Grumman ne connut pas le baptême du feu.

Les 6 et 9 août 1945, deux éclairs blancs entraînèrent la capitulation du Japon et la fin des exactions nippones. Les rares F2G fabriqués poursuivant leurs tests et évaluations dans diverses NAS n'eurent pas l'occasion de démontrer leur aptitude au combat.

Vu en 1946 à la Naval Air Station de Ford Island, à Pearl Harbor, un F2G-2 (crosse d'appontage) aux mains du *Lt.* Starkes. La peinture du fuselage, à la sortie des échappements, n'est pas encore brûlée, ce qui indique le peu d'heures de vol de cet appareil. *(J. Genee/Goodyear)*

Ci-dessous.
F2G-1 du NATC (*Naval Air Test Center*) vu en 1947 à Patuxent River. Les trois derniers chiffres de son serial (88454) sont reproduits sur le fuselage et sous l'aile gauche. Cet appareil était le premier F2G-1 de production. L'appareil a reçu en cours de test la dérive rehaussée, avec le gouvernail agrémenté d'un large compensateur censé contrer la tendance à embarquer au décollage et sa stabilité en vol. Les marquages de nationalité adoptent les barres rouges introduites le 15 mai 1947. *(USN)*

Cet appareil est le quatrième prototype XF2G-1 évalué sur la Naval Air Station de Patuxent River.
Sur la dérive rehaussée sont peints les stencils *F2G-1, Navy* et le *serial 14692*. Cet appareil reçut plus tard un capot peint de damiers jaunes et bleu, l'anneau frontal étant traité en vert zinc chromate, et fut perdu lors d'un crash à Akron, site de l'usine Goodyear. *(USN)*

CORSAIR for Gentlemen

QUELQUES MOIS APRÈS LA FIN du terrible deuxième conflit mondial, le gouvernement américain proposa à des établissements de surplus un vaste programme de revente de ses matériels militaires, dont certains modèles de son aviation militaire « à pistons », devenus obsolètes avec l'avènement de l'ère du jet.

À la même époque, la Thompson Products, organisatrice des très populaires courses de pylônes de Cleveland (sous l'appellation *« National Air Races »*) décida de relancer les compétitions aériennes interrompues durant la guerre, en les fixant à la date symbolique du *Labor Day*.

Des hommes d'affaires, ainsi que d'anciens pilotes militaires passionnés par ces courses arrachèrent alors aux griffes de margoulins plutôt enclins à vendre la ferraille au kilo de vénérables chasseurs, parmi lesquels se trouvaient des pièces exceptionnelles, comme quelques Corsair de toutes versions, et notamment le fameux F2G, promis à la destruction.

« Gentlemen, you have a race !»

Enfant du pays et ancien officier de la Navy ayant combattu aux commandes de Vindicator et de Dauntless, rescapé du torpillage de l'*USS Wasp*, titulaire de la *Navy Cross*, du *Purple heart* et autres distinctions, Cook Cleland fut l'homme qui fit entrer le premier appareil de la Navy au sein d'une course de pylônes. Il s'agissait d'un FG-1D magnifiquement peint de rouge et crème, surnommé « Lucky Gallon », qui lui permit de décrocher une honorable sixième place lors des courses de 1946.

L'année suivante Cleland, fier de son passé de « marin », voulut damer le pion à l'*Air Force* en faisant triompher des appareils de la *Navy*. Pour ce faire, après avoir acheté son premier F2G (1 250 dollars...) il décida de créer une écurie de Corsair en acquérant trois autres appareils sur les quatre encore disponibles. Il fit ensuite appel à Ron Puckett, Dick Becker, pilote d'essai de la *Navy*, et Tony Janazzo, pilote de Corsair dans une unité de réserve. En 1947, le quatuor de choc entra en lice. Cleland et Becker terminèrent à la première et deuxième place, Puckett à la septième. Ce succès de l'équipe fut malheureusement endeuillé par la disparition du jeune Janazzo, qui s'écrasa suite à une asphyxie due aux émanations d'oxyde de carbone dans son cockpit. Après cet effroyable accident, le port d'un masque à oxygène fut déclaré

En 1946, ce F2G-2D, piloté par Cook Cleland, fut l'un des trois appareils issus de la Navy à participer aux courses de pylône de 1947. Cleland remporta le *Thomson Trophy*, la deuxième place étant décrochée par Richard Becker, lui aussi aux commandes d'un F2G. *(Collection particulière, droits réservés)*

F2G-2 N°74 (NX5577N) de Cook Cleland, qui remporta le *Thompson Trophy* de Cleveland en 1947. L'appareil utilisait un mélange spécial de carburant qui portait la puissance du P&W R-4360 à 4 000 CV, permettant ainsi d'atteindre des vitesses inégalées. Cleland doublera sa victoire d'un record de vitesse, passant la ligne d'arrivée à 637,37 km/h. Cet appareil sera piloté l'année suivante par Rick Becker, qui devra abandonner suite à un problème de fixation du capot.

Rick Becker termina le *Thompson Trophy* de 1947 en deuxième position sur ce F2G-1 N° 94 (NX5590N). Deux Corsair décrochèrent la première et la deuxième place sur le podium, mais l'écurie fut endeuillée par la disparition au septième tour du jeune Tony Jannazo, lorsque ce pilote, asphyxié par des émanations d'oxyde de carbone, s'écrasa. Suite à cet accident, le port du masque à oxygène sera rendu obligatoire durant les courses d'avions, une règle toujours valable aujourd'hui.

F2G-1 N° 18 (N91092N) de Ron Puckett, engagé lors du *Thompson Trophy* en 1947. Au dernier tour, alors que le pilote est remonté en quatrième position, le puissant P&W R-4360 rend l'âme. Puckett, heureusement, se pose sans dommages pour lui-même et son appareil.

Avec des ailes rognées et muni d'un cône de pénétration, le F2G-1 N° 94 (N5590N) de Cook Cleland (ancien appareil de Becker en 1947) est de retour au *Thompson Trophy* de 1949. Si une toute nouvelle formule de peroxyde d'hydrogène injecté dans les cylindres ne produit pas les effets escomptés, cela n'empêchera pas Cleeland de remporter une fois encore la victoire.

Malchanceux lors du *Thompson Trophy* de 1947, Ron Puckett revient à Cleveland en 1949 avec un magnifique « *Miss Port Columbus/Betty/Shirley* ». Son Corsair F2G-1 (N91092) apparaît avec cette nouvelle livrée, à laquelle s'ajoutent une nouvelle entrée d'air et des ailes légèrement rognées. La chance est de retour pour Puckett qui prendra la deuxième place.

Décoration très élaborée et particulièrement seyante pour ce F2G-1 (N5588N) de Ben McKillen, qui décroche la troisième place du Thompson Trophy de 1949, derrière Cleeland et Puckett. Ce fut la première (et la dernière) année que les pilotes de Corsair F2G occupèrent les trois premières places de ce fabuleux trophée.

Le F2G du malheureux Tony Janazzo qui s'écrasa lors du *Thompson Trophy* de 1947, suite à une perte de conscience due à des émanations de monoxyde de carbone. Le port du masque à oxygène deviendra dès lors obligatoire durant ces compétitions. Ce N° 84 était revêtu de peinture noire appliquée à la hâte, comme en témoigne les surfaces. *(Collection particulière, droits réservés)*

Le F2G-1 de Ben McKillen, un magnifique appareil tout de rouge et de blanc vêtu qui termina 3e lors du Thompson Trophy de 1949, sderrière Cleland et Puckett, les Corsair se plaçant de fait aux trois premières places cette année-là. *(Collection particulière, droits réservés)*

obligatoire lors des courses, mesure encore valable de nos jours.

En 1948, l'écurie aligna seulement deux Corsair. Malheureusement, au troisième tour la prise d'air et une partie du moteur de l'appareil de Becker explosèrent, la même mésaventure survenant au quatrième tour pour Cleland. Heureusement, les deux pilotes purent se poser sans encombres. Cette année fut celle de la casse : sur les dix participants, trois seulement parvinrent à franchir la ligne d'arrivée.

L'année 1949 fut faste pour l'équipe des Corsair. Un nouveau venu, Ben McKillen, instructeur de vol, vint se joindre au duo malheureux de l'année précédente. Au vingtième tour, Cleland est en pole position, Puckett en deuxième, McKillen en troisième, et c'est sous cette formation que le trio passera la ligne d'arrivée. Une fois encore, la course fut endeuillée par la mort d'un pilote de P-51, mais surtout par celle d'une jeune femme et de son nourrisson, innocentes victimes du crash de l'appareil sur leur maison. L'avion surnommé « Beguine », propriété de la célèbre aviatrice Jackie Cochran et piloté par William Odom, s'écrasa après que son pilote en eut perdu le contrôle.

Cet accident choqua les esprits, et une certaine presse en profita pour demander l'arrêt définitif des courses d'avions, en vain. Ce qui est sûr, c'est qu'elles n'auront plus lieu à Cleveland.

Le glas sonnera néanmoins pour les courses de pylônes l'année suivante pour des raisons bien plus dramatiques, l'Amérique s'apprêtant à entrer en guerre avec la Corée du Nord. Il faudra attendre l'année 1964 pour assister de nouveau à ces courses particulières et spectaculaires, à Reno, dans le désert du Nevada. Trois ans de plus seront nécessaires pour revoir les premiers Corsair, cette fois sous les versions FG-1D et F4U-4.

CORSAIR F4U-4
le revenant modernisé

COMME ON A PU LE VOIR DANS UN PRÉCÉDENT ÉPISODE, le F4U-4 arriva en mai 1945, quelques mois seulement avant la fin de la guerre du Pacifique. Confié à deux unités de l'US Marine Corps (*VMF-212 « Hell Hounds »* et *VMF-224 « Fighting Wildcat »*) et malgré son indéniable supériorité, comparé au F4U-1D, le Dash 4, dernier-né de la lignée des Corsair, n'eut pas véritablement le temps de démontrer ses aptitudes au combat.

Durant la guerre et après celle-ci, le F4U-4 subira quelques modifications pour améliorer encore ses performances et ses attributions en variant les modèles.

F4U-4B « canons »

Cette version revêt les principales caractéristiques de son modèle de base, mais est équipée de quatre canons de M3 de 20 mm, en lieu et place des six mitrailleuses de 12,7 mm. Cette configuration sera d'ailleurs définitivement adoptée pour toutes les variantes de Corsair à venir. Cependant, l'installation de ces armes impliquera de modifier la localisation des points d'emport de charges alaires. La verrière bulle adopte un nouveau design, avec une armature à profil supérieur plat et l'abandon du blindage arrière en demi-lune. Le montage du pare-brise plat et blindé est définitivement adoptée.

F4U-4N

Ce projet de chasseur de nuit bénéficie de l'installation d'un radar AN/APS6 sur l'aile droite. La production de ce dernier sera purement anecdotique, puisqu'un seul exemplaire sera fabriqué.

Le F4U-4P « reco »

Version de reconnaissance-photo équipée de deux appareils K-17 de prise de vues verticales et obliques depuis respectivement le dessous et le côté gauche du fuselage. Sa production comptera, selon des sources contradictoires, entre neuf et douze exemplaires.

Contrairement à la plupart des chasseurs transformés pour la reconnaissance, ces Corsair conservaient leur armement à n'utiliser qu'en cas de défense, leur mission première étant la reconnaissance photographique.

À noter que le Dash 4 se prêta à également à de nombreux bancs d'essais. Citons, entre autres, l'adjonction de bidons de carburant supplémentaires en bout d'aile, le décollage assisté par des fusées d'appoint JATO (*Jet Assisted Take Off*), ou bien encore l'installation d'une double hélice à six pales du fabricant Aero Products en lieu et place de la traditionnelle hélice quadripale Hamilton Standard.

Bien peu concluants, tous ces « intéressants » projets furent classés sans suite.

Un F4U-4 vu en janvier 1949 à la Naval Air Station de Patuxent River. L'appareil de début de série est pourvu du pare-brise d'origine au profil arrondi. À noter, sur les bords d'attaque des ailes, les orifices de sortie des six mitrailleuses provisoirement obturés. *(Vought)*

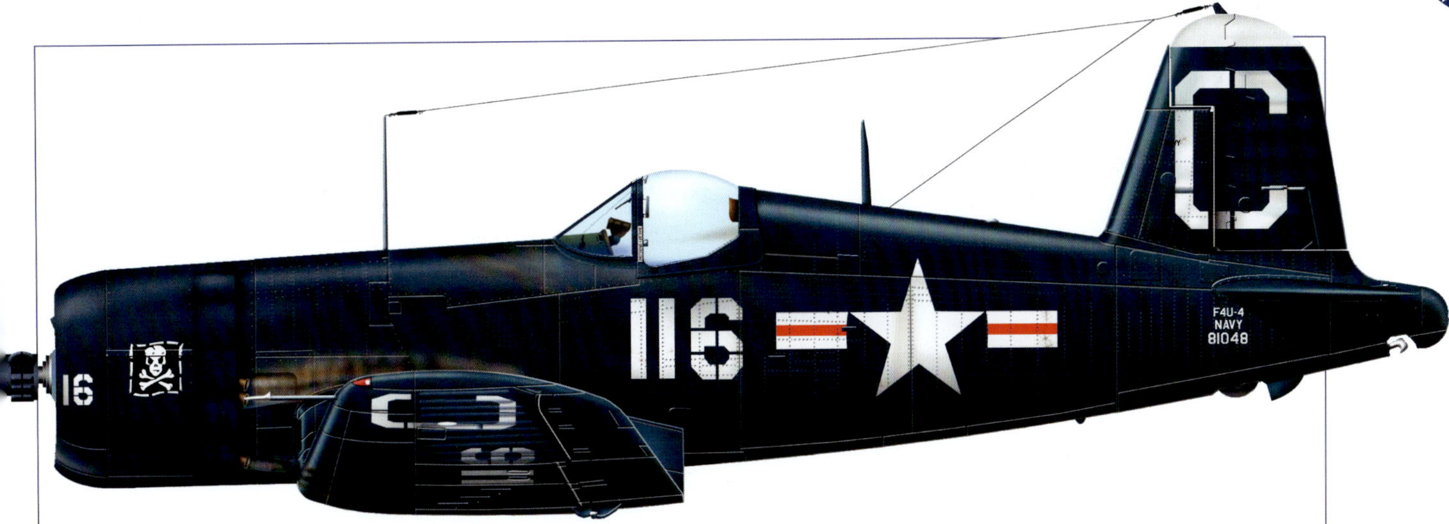

Un F4U-4 de la VF-5B vu sur le pont de l'*USS Coral Sea* en 1948, le bâtiment croisant alors dans la baie de Guantanamo, surnommée « Gitmo » par les marins tant civils que militaires. Cette unité reprend sur le capot de ses appareils le *« Jolly Rogers »* de la célèbre *VF-17*, mais avec un dessin du crâne modifié, les yeux en amande le faisant ressembler à un alien.

Basé à Cherry Point, en Caroline du Nord, durant l'année1951, ce F4U-4 appartient à la *VMT-1* (*Marine Training Squadron One*). Cette décoration haute en couleur, laissée à la discrétion du commandant de la base, désignait des appareils réservés à l'entraînement en vol aux instruments.

Observé en 1952 sur le « deck » de l'*USS Coral Sea*, un F4U-4 de la *VF-43*. Une décoration élaborée de la dérive sur un Corsair de la *Navy* est un fait assez rare pour être noté. Cette unité ne prit pas part aux combats de la guerre de Corée.

Durant l'année 1946, ses larges volets baissés au maximum et sa crosse déployée, un F4U-4 d'entraînement du *CAG-1* s'apprête à apponter sur le « deck » de l'*USS Tarawa*. On notera la lettre T, les larges parements des ailes et du fuselage, ainsi que le cache moyeu vraisemblablement peints en jaune, une légère différence pouvant être observée avec le blanc de l'étoile. *(USN)*

Un F4U-4B (BuNo 97448) flambant neuf, dont les quatre canons de 20 mm ne sont pas encore installés. Le capot est flanqué d'un large numéro d'identification rapide, hâtivement peint. *(Vought)*

F4U-4 de la *Naval Air Reserve* d'Oakland en 1956. L'avion arbore la bande orange des appareils de réserve, la lettre peinte sur le plan fixe de la dérive correspondant à la base d'origine (F pour Oakland). Le pare-brise arrondi est typique des appareils de début de série, la verrière étant équipée de la plaque supérieure de blindage en demi-lune.
(USN)

F4U-4B stationné à Floyd Bennett Field, dans l'État de New-York. Cet appareil, appartenant à la *VF-4B*, porte un écusson orné d'un pion de jeu d'échec. Seulement trois rails d'emport de roquettes sont installés sur les quatre prévus à l'origine.
(USN)

Deux F4U-4 appartenant à la *VF-783* et embarqués sur l'*USS Bonhomme Richard* sont vus ici en novembre 1950. Le haut de la dérive est peint en blanc, certains appareils de cette unité ayant également leur cache-moyeu d'hélice revêtu de cette même teinte.
(USN)

D
NAVY
VF783
81624

D
NAVY
VF783

1

1. Magnifique cliché d'un F4U-4 stationné sur la *Naval Air Station* de Ford Island, située à Pearl Harbor. Il est saisi ici en 1946 au-dessus d'Oahu, à Hawaï.
(DR)

2. F4U-4P de reconnaissance photographique. On peut voir, sur le flanc gauche au niveau de l'étoile, le bossage du logement de l'appareil K-17 de prise de vue en oblique. Un autre appareil est installé à ses côtés, orienté cette fois verticalement vers le sol. Ces Corsair conservaient leur armement et furent déployés en Corée.
(Vought)

3. F4U-4 de la *VF-44 « Hornets »* appontant sur le « deck » de l'*USS Coral Sea*.
À noter la largeur peu habituelle de la bande de capot jaune. Le haut de la dérive et le cache-moyeu de l'hélice sont également peints de cette couleur. Petite fantaisie : le bidon ventral arbore un parement également traité en jaune.
(USN)

4. F4U-4 de l'unité de réserve *VF-671 « Waldomen »* s'apprêtant à se poser sur le pont de l'*USS Tarawa* durant la présence de ce bâtiment en Méditerranée, de novembre 1951 à juin 1952. Cette unité deviendra la *VF-81* en février 1953.
(USN)

2

3

4

Flanqués d'un *« Jolly Rogers »* sur leur capot, ces deux F4U-4 de la *VF-5B* s'apprêtent à s'élancer pour un vol d'entraînement. La scène est saisie sur le pont de l'*USS Coral Sea* croisant dans la baie de Guantanamo, « Gitmo » dans le langage des marins, au large de Cuba, en mars 1948.
(USN)

Un jour de janvier 1949, un F4U-4 de la *VF-23 « Flashers »*, volets baissés et crosse lâchée, s'apprête à toucher le pont de l'*USS Wright*. Cette unité était également composée de Corsair F4U-5. *(USN)*

CORSAIR F4U-5
celui d'une nouvelle ère

PREMIER CORSAIR FABRIQUÉ APRÈS-GUERRE, le prototype XF4U-5 effectua son premier vol le 4 avril 1946, la première sortie d'un F4U-5 de production ayant pour sa part eu lieu le 12 mai 1947. Fort des leçons tirées de toutes ces années de guerre, le fabricant Vought appliquera à cette nouvelle version de nombreuses modifications et des apports de technologie résolument modernes. Le F4U-5 fera indéniablement entrer le Corsair dans une nouvelle ère.

L'adoption du moteur P & W R-2800-32W de la série « E » d'une puissance de 2300 CV, plus encombrant, entraîne l'allongement du fuselage d'approximativement 10 inches, soit environ 25 cm. Le moteur est incliné de 2,75° par rapport à l'axe horizontal de l'appareil, ceci afin d'améliorer la stabilité longitudinale, cette modification améliorant aussi la visibilité vers l'avant du pilote.

Une telle motorisation requiert une alimentation en air conséquente pour assurer son bon refroidissement. Deux entrées d'air sont installées sur les côtés inférieurs de l'anneau frontal, augmentant la largeur de celui-ci d'environ 20 cm par rapport à ses prédécesseurs.

Afin de protéger le moteur et ses divers organes vitaux, une douzaine de plaques de blindage seront installées sous le ventre de l'appareil.

La verrière, agrandie et rehaussée, offre au pilote un gain de visibilité non négligeable.

L'intérieur du cockpit bénéficie d'un nouveau système de chauffage et d'un dispositif de dégivrage des surfaces vitrées. La console centrale, apparue avec le F4U-4, disparaît.

L'entoilage des parties mobiles, adopté jusqu'ici pour toutes les versions du Corsair, est définitivement abandonné et remplacé par un revêtement métallique facilitant l'écoulement de l'air.

Un nouveau système de rétraction de la roulette de queue permet d'escamoter complètement cette dernière à l'intérieur de la pointe arrière du fuselage. L'armement alaire choisi suit désormais la configuration définitive de quatre canons M3 de 20 mm, initiée précédemment avec le F4U-4B et que l'on retrouvera sur toutes les versions du Dash 5, mais aussi sur l'AU-1 et le F4U-7.

Les points d'emport de charges sont les mêmes que sur le F4U-4B, avec en plus un

(suite page 150)

Sur le pont de l'*USS Wright*, un jour de novembre 1948, un F4U-5 (BuNo 121947) de la *VF-22* s'apprête à rejoindre la zone de décollage ; à noter les deux marche-pied encore déployés. Bon nombre de photos, montre cette configuration en plein vol. *(USN)*

Un F4U-5 d'essai (BuNo 121793) flambant neuf, observé en janvier 1948. À noter l'absence de pylônes d'emport de charges, des prolongateurs de sortie d 'échappement et la présence d'une sonde Pitot supplémentaire installée sur l'aile droite.
(USN)

F4U-5N du NATC (BuNo 121852) observé sur la *Naval Air Station* de Patuxent River, dans le Maryland, en juin 1949. À noter l'absence d'une arme sur l'aile droite, peut-être pour compenser le poids du radar.
(USN)

En août 1953, un F4U-5 de la *VF-14 « Tophatters »* embarqué sur l'*USS Franklin D. Roosevelt* lorsque ce bâtiment de la VIe flotte croisait en Méditerranée. À noter les nombreux parements jaunes, même les fourreaux des canons n'ayant pas échappé à cette couleur d'identification.

F4U-5NL (*Winterized*) de la *VC-4* embarqué sur l'*USS Lake Champlain* en 1953. La version NL était munie de dégivreurs (*De Icer Boot*) installés sur les bords d'attaque des ailes et de l'empennage horizontal, ainsi que sur le bord d'attaque du plan fixe la dérive.

F4U-5P de reconnaissance photographique. On reconnaît au premier coup d'œil ces appareils par le carrossage en goutte d'eau installé dans le plan fixe de la dérive : ce dernier recelait un compas magnétique. Sur le flanc, on peut voir la fenêtre d'un des appareils de prise de vue, la trappe de protection coulissante étant fermée. Les extensions de sortie d'échappement permettaient de protéger au mieux la fenêtre des projections.

LN

Corsair F4U-5P de reconnaissance photographique. Trois appareils de prise de vue sont placés à l'intérieur de l'arrière du fuselage, deux travaillant en oblique gauche et droite, et le troisième à la verticale du sol. Le bossage observé sur le plan fixe de la dérive contient un compas magnétique et les extensions d'échappement permettent de mieux protéger les fenêtres des logements d'appareils photo contre les projections. Le haut de la dérive ainsi que le cache-moyeu sont traités en rouge et blanc. *(USN)*

Très belle vue datant de 1950 et montrant les dessous d'un F4U-5N d'essai. Les larges parements appliqués extensivement sur les surfaces de cet appareil sont de couleur jaune. À noter les cache-flammes des armes et les pylônes d'emport de charges absents. *(USN)*

Corsair F4U-5NL (BuNo 124672) de chasse de nuit version « *Winterized* », équipé pour affronter des températures extrêmement basses. On distingue bien, sur ce cliché, les dégivreurs installés sur les bords d'attaque des ailes, de l'empennage horizontal et de la dérive. En 1953, cet appareil sera embarqué sur l'*USS Lake Champlain* au sein de la *VC-4*. *(USN)*

1. Un F4U-5 de réserve appartenant à la *Naval Air Station* de Glenview, observé en 1950. Sur cet appareil bien entretenu, on distingue la bande orange adoptée pour les appareils de réserve à partir de 1940, ainsi que la peinture bleu mat antireflet des surfaces supérieures des capots.

2. Un F4U-5P de reconnaissance photographique (identifiable par le carénage enveloppant le compas magnétique installé sur le plan fixe de la dérive) d'une unité de Marines s'apprêtant à quitter le pont de l'*USS Coral Sea*. En novembre 1950, date du cliché, le bâtiment opérait en Méditerranée.

3. Formation de F4U-5P de reconnaissance appartenant à la *VC-62*, escortée par des F4U-5N de chasse de nuit de la *VC-4*. Cette très belle photo a été prise durant l'année 1947.

4. Un F4U-5 de la *VF-21* saisi « plein gaz » et gouvernail légèrement braqué pour compenser l'effet de couple, lors de son décollage imminent depuis le pont de l'*USS Wright* en novembre 1948.
(Toutes photographies USN)

4

Page suivante, en haut. Le câble d'acier encore pris dans sa crosse d'appontage, ce F4U-5 de la *VF-13* vient tout juste de se poser sur le pont de l'*USS Franklin D. Roosevelt*. À noter les prolongateurs d'échappement, leur installation n'étant pas obligatoire si ce n'est pour les appareils de missions de nuit et de reconnaissance photographique. *(USN)*

(suite de la page 140)

nouveau pylône central pouvant recevoir une bombe de 2 000 livres.

À noter, entre autres progrès technologiques, un système de réchauffe des armes et du tube de la sonde pitot.

F4U-5N, version de nuit du F4U-5

— radar AN/APS-19 monté sur l'aile droite

— pilote automatique

— équipement radio VHF et IFF, radioaltimètre

— mât d'antenne supplémentaire, installé sur la pointe arrière du fuselage

— nouveau collimateur MK 20

— cache-flammes sur les canons et au-dessus des échappements, pour éviter l'éblouissement du pilote

— installation d'une cinémitrailleuse dans le bord d'attaque de l'aile droite.

F4U-5NL, version « tout temps »

Les terribles conditions climatiques de la Corée, particulièrement en hiver, impliquèrent d'améliorer la résistance au froid du F5U-5N. Cette version « winterized » reçut l'appellation F4U-5NL après la réalisation des modifications suivantes :

— dégivreurs (*De-Icer Boots*) installés dans les bords d'attaque des ailes, de l'empennage horizontal et de la dérive ; — introduction d'un système de dégivrage du cockpit, avec vaporisation d'un produit approprié sur le pare-brise.

Le F4U-5P, version « reco »

Cette version de reconnaissance photographique fut fabriquée à trente exemplaires.

Les appareils de prise de vues sont du modèle K 17 équipé d'un système de rotation. Trois fenêtres de prise de vues sont installées : une sous le fuselage et les deux autres, de chaque côté de ce dernier, sur la partie inférieure des flancs. Ces fenêtres sont pourvues de trappes coulissantes protégeant les vitres des projections de résidus d'hydrocarbures.

Des prolongateurs sont installés sur les sorties d'échappement pour limiter également les projections susceptibles de nuire à la qualité des prises de vues.

Chasseurs de nuit privilégiés

Contre toute attente, ce fut la version chasse de nuit qui représenta le plus grand nombre de Dash 5, avec 315 appareils répartis en 214 F4U-5 et 101 F4U-5NL.

Le F4U-5 « standard » fut construit à 223 unités et le F4U-5P de reconnaissance photographique, à 30 exemplaires.

À noter que durant la guerre de Corée, les Corsair « de nuit » possédant le même armement externe que le F4U-5 délaissèrent souvent leur rôle principal pour effectuer de très nombreuses missions diurnes de bombardement et d'attaque au sol.

Deux belles photographies datant de 1948 et montrant le même appareil saisi à quelques minutes d'intervalle. Arborant un insigne de l'unité en haut de son gouvernail, fantaisie rare pour un Corsair, un F4U-5 de la *VF-23 « Flashers »* est observé ici juste après son appontage sur l'*USS Wright*. *(USN)*

T
NAVY
308

M

CORSAIR AU-1 (XF4U-6) « la brute »

IL MANQUAIT À LA LIGNÉE DES CORSAIR une version spécialement conçue pour l'attaque au sol. La guerre de Corée en précipita le besoin, et c'est à partir d'une cellule de F4U-5 (BuNo 124665) que des modifications furent envisagées, le projet prenant tout d'abord l'appellation XF4U-6, puis XAU-1(A pour *Attack*) lors des premières transformations.

Les opérations à très haute altitude n'étant plus d'actualité, la motorisation à double étage s'avérait désormais inutile et l'appareil reçut un moteur P & W R-280-83W d'une puissance de 2 300 CV, équipé d'un compresseur à simple étage contrôlable manuellement. Devenues superflues pour ce compresseur, les deux entrées d'air de l'anneau frontal observées sur le F4U-5 sont simplement supprimées du dessin de la nouvelle version du capot. Contrairement au prédécesseur, les sorties d'échappement sont placées en position basse, comme sur le F4U-4, entraînant un logement de conception nouvelle.

Tout appareil développé pour l'assaut volant à très basse altitude se retrouve à portée des tirs d'armes plus ou moins légères, mais néanmoins redoutables.

Pour affronter le mieux possible ces inévitables tirs de défense, le XAU-1 fut doté de vingt-cinq points de blindage se concentrant principalement sur les surfaces inférieures de la cellule, mais aussi au niveau de l'habitacle, bien sûr, avec en particulier un siège spécialement conçu pour offrir une protection maximale au pilote. Ces indispensables protections alourdiront considérablement l'appareil, influant de fait et de façon très significative sur ses performances. Les radiateurs d'huile, autres organes vitaux de l'appareil initialement situés dans les bords d'attaque, furent placés plus en arrière, au plus près de la cellule, afin de se soustraire aux tirs frontaux.

Un pylône d'emport de charges supplémentaire sera installé sous chaque aile, portant leur nombre total à dix, contre huit pour le F4U-5. Ils pouvaient transporter, au choix, les classiques roquettes HVAR de 5 inches, des roquettes ATAR (*anti-tank aircraft rocket*) plus spécifiques, ou bien des bombes de 100 ou 250 livres.

Avec la conservation des deux pylônes d'emport du F4U-5 disposés de part et d'autre du fuselage, ainsi que celui placé en position centrale, l'appareil comptera au total treize points d'emport.

Deux nouveaux mâts d'antenne feront en outre leur apparition sur le dos du fuselage.

Tout droit sorti des chaînes d'assemblage, un AU-1 flambant neuf. On peut se rendre compte qu'il ne totalise que très peu d'heures de vol à l'observation des surfaces situées à la sortie des échappements : la peinture n'est pas encore très altérée par la chaleur et les projections des gaz brûlés. *(Vought)*

En 1952, un Vought AU-1 Corsair de la *VMA-225* (*Marine Attack Squadron*) stationné sur la NAAS (*Naval Auxiliary Air Station*) d'Edenton, en Caroline du Nord.

Vu en 1956 sur la *Naval Air Station* de Minneapolis, dans le Minnesota, un Corsair AU-1 de la *Naval Air Reserve 81*. La large lettre sur le gouvernail correspond à la base d'origine de l'appareil (E pour Minneapolis).

En 1957, un AU-1 de la *Marine Corps Air Station* de Quantico, en Virginie (basé temporairement à El Toro, en Californie). Ce Corsair arbore la nouvelle livrée de l'aéronavale américaine adoptée en novembre 1955, composée de gris *light gull grey* et de blanc *white*.

Beau cliché d'un Corsair AU-1 (BuNo 133843) appartenant au corps des *Marines* et vu ici durant l'année 1952. On peut noter, sur cet appareil neuf, la franche délimitation entre la couleur brillante des surfaces et le revêtement antireflet bleu mat. *(Vought)*

Autre image du BuNo 133843, sous un angle de vue permettant d'apprécier les lignes incomparables du Corsair, la présence des dix pylônes d'emport de charges venant renforcer l'impression d'agressivité.
(Vought)

Corsair AU-1 de la *Marine Corps Air Station* de Quantico (Virginie) en 1957. L'appareil arbore le nouveau camouflage en vigueur dans la *Navy* à partir de novembre 1955, soit le gris *light gull grey* et le blanc *white*. À noter les bombes et les roquettes installées sous les ailes. Cet appareil est un des derniers AU-1 en service opérationnel au sein du corps des *Marines*.
(USMC)

Corsair AU-1 vu en septembre 1952 à la *Naval Air Station* de Patuxent River. Crosse d'appontage baissée, le pilote s'entraîne à un atterrissage freiné par câble, même si cette version du Corsair n'opérera pas à partir de porte-avions.
(USN)

Prototype de Corsair AU-1, le XAU-1 réalisé à partir d'une cellule de F4U-5 et observé au début de l'année 1952. Le nouveau capot aux entrées d'air supprimées a été installé, ainsi qu'un cinquième pylône d'emport de charges sous chaque aile. *(Vought)*

Composant désormais la formule d'armement définitive des Corsair, les quatre canons M3 de 20 mm disposent, pour le XAU-1 en particulier, d'une faculté de débrayage permettant au pilote d'opter pour une utilisation groupée ou bien seulement par paire. Le premier vol de cette nouvelle version s'étant déroulée avec succès le 31 janvier 1952, la nouvelle extrapolation musclée du Corsair sera ensuite produite à 111 exemplaires, sous la dénomination AU-1. Lors de la guerre de Corée, deux unités de Marines (tout d'abord la *VMA-323 « Death Rattlers »*, puis la *VMA « Lancers »*) se partagèrent avec brio les missions d'attaque au sol et d'appui des troupes, ces dangereuses activités se soldant par la perte de 22 appareils et, bien souvent, de leur pilote.

En 1954, dans le cadre du MDAP, vingt-cinq de ces vétérans rescapés de l'âpre conflit coréen seront livrés à l'Aéronavale française qui, après de nombreuses semaines de remise en état, exploitera avec brio toutes les qualités de cet appareil durant la guerre d'Indochine, mais aussi pendant les événements d'Algérie.

Surnommé « Miss Penny », ce Corsair AU-1, vu en novembre 1952 en Corée, est la monture du Capt. Robert D. Alexander appartenant à la *VMA-212 « Lancers »*. Plus tard dans le conflit, le fuselage sera flanqué de la grande flèche blanche adoptée par cette unité. *(USMC)*

Durant l'année 1951, sur la base de Pohang, un AU-1 de la *VMA-323 « Death Rattlers »* très lourdement armé. À noter, sous chaque aile, que deux pylônes ont été ôtés sur les cinq installés à l'origine.
(USN)

Un AU-1 de la réserve nationale, flanqué de sa large bande orange, vu sur le sol enneigé de la *Naval Air Station* de Minneapolis (État du Minnesota) en 1955. La large lettre sur le gouvernail désigne la base de l'appareil, « E » pour Minneapolis. *(USN)*

CORSAIR « Ciel de Corée »

COMMENT CE CONFLIT, QUI DURA TROIS ANS, a-t-il pu être amèrement baptisé par les Américains « *The Forgotten War* », la guerre oubliée. Le bilan s'élève en effet, selon les chiffres, à environ trois millions de vies humaines, dont plus de 36 500 soldats américains.

Les Sud-Coréens perdront pour leur part plus de 58 000 hommes, et leurs alliés des troupes onusiennes (Royaume-Uni, Canada, Australie, Nouvelle-Zélande, France, Afrique du Sud, Turquie, Philippines, Belgique et Luxembourg) laisseront quant à eux plus de 3 000 hommes, dont 300 pour les Français, sans compter les milliers de blessés et de prisonniers réduits à d'épouvantables conditions de détention. Les chiffres concernant les Nord-Coréens et leurs alliés Chinois et Russes sont évidemment moins fiables. L'armée de Kim aurait déploré la perte d'à peu près 210 000 soldats, la Chine populaire, 148 000 (400 000 d'après les sources américaines) et les Soviétiques, plus de 300. La population civile des deux côtés de la Corée comptabilisera environ deux millions de victimes. Cet âpre conflit, où l'on frôla le déclenchement d'une troisième guerre mondiale, ne portait pas au départ et officiellement, il est vrai, le titre de guerre, mais se voyait très pudiquement désigné par les Américains sous le terme d'« action de police ».

Les prémices d'une catastrophe

Au lendemain de la Deuxième Guerre mondiale, l'armée américaine installée dans le sud

de la péninsule songe à se retirer de Corée, mais craint, avec raison, que les amis sud-coréens, livrés à eux-mêmes et bénéficiant d'armement américain, ne se sentent les mains libres pour répondre aux agressions prosélytes de leurs « frères » communistes du Nord.

Le gouvernement des États-Unis décide alors de désarmer les troupes de ses protégés, ne laissant à leur disposition qu'un matériel défensif, quelques conseillers militaires et moult bonnes et sages recommandations.

Désormais, la péninsule est considérée comme hors du « périmètre de défense américain » extrême-oriental, et les États-Unis entendent laisser la République démocratique sud-coréenne seule face à son destin.

Le dictateur rouge Kim Il-Sung profite de l'occasion, pensant sans doute que l'heure est venue d'aller prêcher la bonne parole stalinienne auprès de ses « frères du Sud », suppôts du capitalisme Yankee.

Le pays des matins pas si calmes...

En 1950, « le Grand Leader » obtient sans difficulté un accord tacite des camarades moscovites (qui pensent que l'Amérique de Trumman n'interviendra pas), mais de son côté la Chine fait preuve de davantage de réserve, approuvant du bout des lèvres une réunification de la Corée sous l'égide du Nord avec l'appui des Russes. Le 25 juin, le dictateur prétexte une agression totalement imaginaire de son voisin pour envoyer son Armée populaire de Corée franchir le 38e parallèle, frontière virtuelle et politique entre les deux pays.

Cette agression déguisée en riposte est perçue avec effroi par le monde occidental qui porte encore les stigmates de la Seconde Guerre mondiale.

Désormais sous-équipés par la volonté et, peut-être, une certaine inconscience des Américains, les Coréens du Sud n'opposent qu'une bien faible résistance face aux armées de Kim dûment pourvues d'armes soviétiques. Quarante-huit heures suffisent pour que Séoul tombe.

Le 27 juin, après la réunion du Conseil de Sécurité de l'ONU, les seize pays membres exigent du dictateur Kim Il-sung le retrait immédiat de ses troupes. Mais ce dernier demeure évidemment sourd à cette requête et exhorte ses troupes à pousser plus au sud. Le président américain Truman ordonne alors un soutien total et sans faille au peuple sud-coréen, et le 7 juillet les États-Unis prendront le commandement d'une coalition onusienne.

Un pont aérien est établi pour transférer les soldats américains encore stationnés au Japon vers la Corée du Sud. La Corée du Nord subit, notamment au niveau de ses infrastructures stratégiques (routes, ponts, usines), les premiers assauts des bombardiers lourds américains. 10 000

(suite page 166)

F4U-5N de la *VMF (N)-513*, peut-être vu sur la base de Kangnung, en 1951. À noter la diversité des charges emportées et l'état des surfaces de l'appareil altérées par la boue, la poussière et les fuites d'hydrocarbures. *(DR. Collection privée)*

Fâcheuse posture pour ce F4U-4 de la VF-113 rebondissant sur le pont de l'*USS Philippine Sea* après avoir attrapé le brin d'acier. Janvier 1951. Les appareils de cette unité étaient codés « V » sur le gouvernail, le haut de celui-ci et le cache-moyeu de l'hélice étant peints en bleu clair. *(USN)*

Activité fébrile sur le pont de l'*USS Valley Forge* en 1950. Bardés de leurs roquettes HVAR, les F4U-4B de la *VF-54* « *Copperheads* » s'apprêtent à décoller pour aller frapper les troupes et matériels nord-coréens.

Un F4U-4 baptisé « The Fighting Kilroy », vu à Pohang en mars 1952 et appartenant à cette époque au Marine Air Maintenance Squadron (MAMRON-33). Ce service du corps des Marines était chargé de l'entretien des Corsair basés en Corée.

F4U-4 de la VMA-312 embarquée sur l'*USS Bataan*. Le capot s'orne de la bande blanche à damiers déjà rendue célèbre lors de la guerre du Pacifique, cette décoration apparaissant alors sur le capot et la dérive des F4U-1D de cette unité.

F4U-4 de la VMF-323 « Death Rattlers » embarquée sur l'*USS Sicily*. L'appareil arbore la décoration sans nul doute la plus élaborée de tout le conflit, à savoir un serpent à sonnettes (*rattlesnake*) sur le capot peint en blanc et rouge brique. Il s'agit de la monture personnelle du 1st Lt. Vance « Bud » Yount.

En 1950, avant son départ du port de San Diego à destination de la Corée, l'*USS Boxer* embarque des F4U-4 de la *VF-64*. La couleur d'identification des Corsair de cette unité, codés « M », est le rouge.

Un jour d'avril 1951, deux F4U-4B de la *VMF-323*, lourdement armés de bombes et autres roquettes HVAR, s'apprêtent à décoller d'une base de Pusan, en Corée du Sud. L'appareil au second plan est confronté à des problèmes d'enlisement auxquels deux mécaniciens essaient de remédier.

En juillet 1953, avec leurs capots ornés de *« Polka Dots »* (petits pois, en français) rouges, ces F4U-4B de la *VMF-332* sont au repos sur le pont de l'*USS Point Cruz* à la fin du conflit. *(USN)*

Sur le pont de l'*USS Antietam* en novembre 1951, un incendie est maîtrisé sur ce F4U-4 de la *VF-713*. La couleur d'identification des appareils codés « H » de cette unité était le blanc. *(USN)*

(suite de la page 161)

missions de bombardement seront effectuées en cet été 1950.

Le commandement des Nations Unies est confié au bouillant général MacArthur. Fin stratège, celui-ci remporte de nombreuses victoires, mais las d'exposer ses hommes au harcèlement incessant des communistes, il décide une opération d'envergure : un débarquement amphibie au beau milieu des positions ennemies. 40 000 hommes déferlent alors sur Wolmido, près du port d'Inchon, qui est aisément ravi à ses défenseurs. Prises dans un véritable étau, les troupes nord-coréennes sont défaites et fuient vers le nord.

MacArthur poursuit son avancée vers le nord, avec la ferme intention d'anéantir irrémédiablement l'armée nord-coréenne et de débarrasser du même coup le pays du despotisme rouge. La victoire semble irrémédiable, mais le « vieux guerrier » commet une erreur en affirmant au président Truman que les Chinois n'oseront pas bouger.

Or, le 26 novembre, les volontaires chinois franchissent le fleuve Yalu et s'abattent sur les troupes onusiennes. Les pertes sont effroyables et les troupes de la coalition sont contraintes à la retraite.

Forts de ce revirement de situation, les Nord-Coréens, épaulés par leurs acolytes chinois, déferlent vers le sud et reprennent Séoul le 4 janvier 1951, tandis que les troupes onusiennes et sud-coréennes font à nouveau mouvement vers le nord.

Débute alors une véritable guerre de positions, avec un déplacement incessant de la ligne de front qui oscille au gré des victoires et des défaites. Séoul est reprise le 14 mars après d'effroyables combats, et les communistes sont de nouveau repoussés au delà du 38e parallèle. Malgré de nombreux rappels à l'ordre par son état-major, Douglas MacArthur décide de « mettre le paquet » et d'éradiquer le péril rouge jusqu'en Chine, en proposant le recours à plusieurs armes nucléaires. Réponse « adaptée » contre la Chine, cette entreprise susciterait immanquablement une réaction de « l'ours soviétique » et plongerait la planète dans un troisième conflit mondial.

Fort heureusement, Trumann n'adhérera pas à cet effroyable projet et relèvera le trop belliqueux général de ses fonctions, cette décision

raisonnable s'attirant malgré tout la réprobation de l'opinion publique américaine. Le général Ridgway, plus souple, est alors invité à prendre la tête des opérations.

Épilogue

Ironie de la guerre, à ce stade des hostilités les troupes se font de nouveau face aux alentours du 38e parallèle, pratiquement comme au début du conflit.

Épuisés par les effroyables conditions du combat et l'enlisement du conflit, les belligérants entament d'incessants pourparlers. Durant ces longues négociations, la guerre se poursuit malgré tout sur le terrain, avec un net regain de victoires pour les troupes de l'ONU.

Ordre est donné aux troupes alliées de stopper leur avance, de camper sur leurs positions et de rester sur la défensive. Les sérieux pourparlers d'armistice, entrepris en juillet 1951 et rapidement rompus en août, dureront encore près de deux ans, sans la moindre interruption dans les âpres combats, pour aboutir enfin à un accord de paix signé à Panmunjom le 27 juillet 1953. Les deux peuples demeureront définitivement séparés par une zone démilitarisée de quatre kilomètres de large, située sur la dernière ligne de front de cet affrontement fratricide.

Les Corsair dans le ciel de Corée

En ces débuts des années cinquante, bien que l'aviation à réaction en soit encore à ses prémisses, l'USAF et la *Navy* disposent déjà d'une nouvelle génération d'appareils très performants. Mais le glas n'a pas encore sonné pour les vétérans à hélice, comme les Mustang et Corsair que l'on aurait pu considérer comme obsolètes. En Corée, ces derniers vont entamer une nouvelle carrière aux côtés de modèles eux aussi à pistons, mais plus modernes, représentés principalement par le Douglas Skyraider et le Grumman Tigercat. Tous, suivant les missions qui leur seront attribuées, s'illustreront brillamment dans le ciel coréen en payant malheureusement souvent un lourd tribut : essentiellement utilisés à de très basses altitudes, ils se trouveront de fait à la merci des tirs nourris en provenance du sol.

Du côté des Corsair, les F4U-4, apparus dans les derniers jours du conflit mondial, prendront cette fois intensivement part au nouveau combat

(suite page 182)

Sous le soleil de la base de Pusan en 1952, deux F4U-4B de la *VMF-323*, l'un chargé de roquettes et l'autre de bombes, s'apprêtent à aller « traiter » des positions communistes. L'emploi d'un seul réservoir supplémentaire permet d'emporter une charge de plus en position ventrale. *(DR. Collection privée)*

Photo d'ambiance hivernale illustrant parfaitement les terribles conditions de vie lors des hivers coréens. Saisis en 1950, des F4U-4B de la *VMA-323* sur le pont verglacé de l'*USS Sicily*. *(USMC)*

En 1950, sur le pont de l'*USS Princeton*, un F4U-4 lourdement armé de la VF-192 s'apprête à être catapulté. La couleur d'identification des appareils codés « B » de cette unité était le blanc. *(USN)*

F4U-4 de la VF-192 embarquée sur l'*USS Princeton* durant l'automne 1952. À noter l'emblème très élaboré de l'unité représentant un dragon sur fond de porte-avions. Cet appareil, qui avait déjà servi en 1945, fut victime d'une batterie antiaérienne en septembre 1952.

F4U-4 de la VF-24 embarquée alors sur l'*USS Valley Forge* durant l'hiver 1951. Lors de leur périple en Corée, les appareils de cette unité opérèrent également depuis l'*USS Boxer* et l'*USS Philippine Sea*.

F4U-4 de la VF-32 « Gypsies » opérant depuis l'*USS Leyte* . Cette unité fut affectée à des missions d'une dangerosité extrême durant les effroyables combats de Choisin Reservoir en 1950.

F4U-4B de la VMF-332 embarquée sur *l'USS Point Cruz*. Le capot s'orne d'une bande blanche agrémentée de *Polka Dots rouges* (petits pois, en français). Cet appareil est observé ici à la fin du conflit, en juillet 1953.

F4U-5N de la VC-3 du lieutenant Guy « Lucky Pierre » Bordelon. À noter que la couleur blanche des marquages est recouverte d'un léger voile de bleu pour rendre ces derniers moins visibles. Pendant le conflit, ce pilote fut le seul as de la Navy, le seul as de la chasse nocturne américaine et le seul et unique as à ne jamais piloter de Jet. Sa cinquième victoire sera obtenue sur un La-11 nord-coréen.

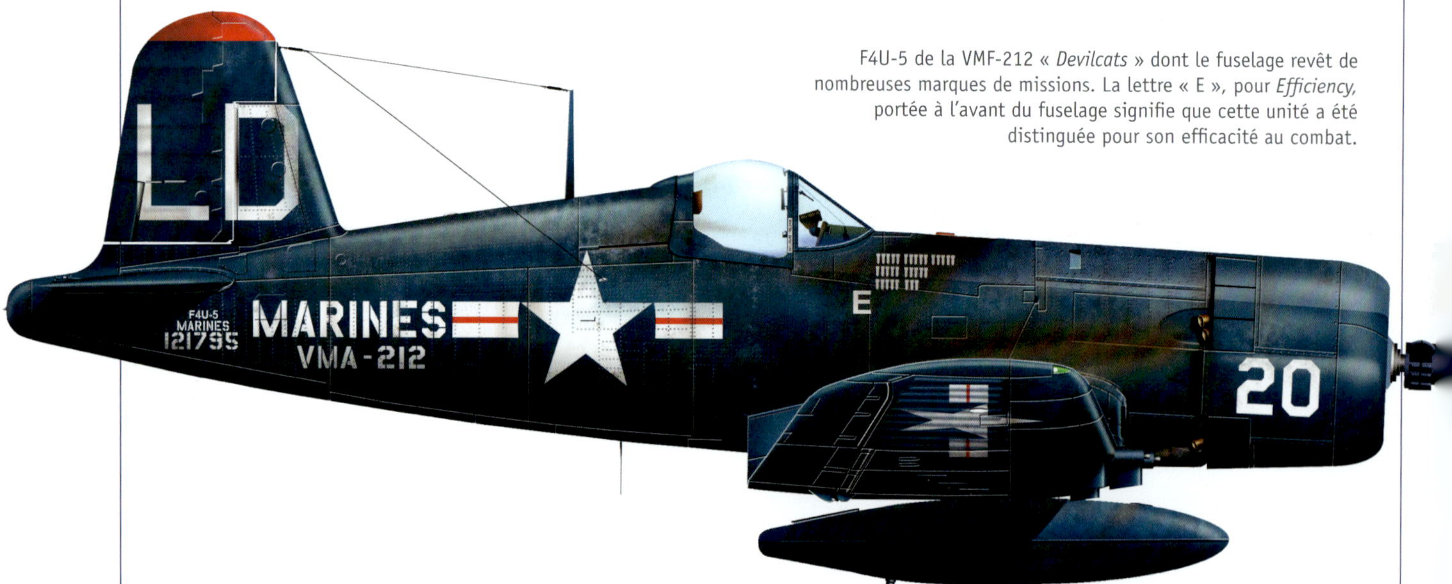

F4U-5 de la VMF-212 « *Devilcats* » dont le fuselage revêt de nombreuses marques de missions. La lettre « E », pour *Efficiency*, portée à l'avant du fuselage signifie que cette unité a été distinguée pour son efficacité au combat.

F4U-4B de la VF-653 observé en 1951, alors que l'*USS Valley Forge* faisait route vers la Corée. À noter que cette unité fut tout d'abord commandée par le Lt Cdr Cook Cleland, célèbre pilote de course des National Air Races de Cleveland. Cet appareil fut détruit par le souffle d'une de ses propres bombes pendant une mission à très basse altitude.

F4U-5N de la VMF(N)-513 « Flying Nightmares », vu à Kangnung en 1951. Ces appareils de chasse de nuit étaient peints en noir et flanqués de codes rouges, ces teintes satinées devenant rapidement mates à cause des rudes conditions climatiques. À noter que cet appareil des « cauchemars volants » emporte des roquettes HVAR de désignation RAM ATAR (*Anti Tank Aircraft Rocket*) dont les têtes spéciales avaient pour fonction de détruire les engins blindés.

F4U-5N de la VMF(N)-513 « Flying Nightmares », basé à Pusan durant l'été 1951. À noter que, sur les appareils à livrée noire de cette unité, les cocardes sont de taille plus réduite que le standard en vigueur pour tous les autres Corsair.

1

2

3

1. Embarqués sur l'*USS Bataan*, des F4U-4 de la *VMA-312* portant sur le capot leur décoration à damiers, déjà célèbre durant la guerre du Pacifique. On peut remarquer les larges traces de résidus de poudres imprimées sur les ailes. *(DR. Collection privée)*

2. En 1952, un F4U-4 de la *VMF-212 accroché à une des catapultes de l'*USS Badoeng s'apprête à prendre son envol. On remarquera le très impressionnant tableau de missions de bombardement peint sur le fuselage. *(USN)*

3. F4U-4 de la *VF-114* vu en 1952 sur le pont de l'*USS Philippine Sea*. De nombreuses marques de missions sont peintes sur le fuselage en dessous du nom du pilote. L'appareil dépourvu de charges s'apprête sans doute à effectuer un vol d'essai. *(DR. Collection privée)*

4. Moteur arrêté et les ailes repliées ayant facilité l'arrimage de leurs nombreuses charges, des F4U-4 de la *VF-192* patientent sur le pont de l'*USS Princeton*. *(DR. Collection privée)*

4

Beaucoup d'activité sur le pont de l'*USS Antietam* durant l'année 1952. Des F4U-4 codés « H » blanc de la *VF-653* (couleur d'identification rouge) et de la *VF-713* (couleur d'identification blanche) bifurquent vers la zone de catapultage. À noter que les appareils de la *VF-653* n'ont pas leurs codes répétés sur l'extrados de l'aile droite. *(USN)*

Le pont de l'*USS Boxer* fourmille d'armuriers s'affairant autour de F4U-4 de la *VF-63* et de F4U-5N de la *VC-3*. À noter la diversité des charges qui vont être greffées sous les ailes de ces Corsair. Nous ignorons ce que renferme l'imposant container au premier plan. *(USN)*

Corsair AU-1 de la VMA-323, vu à Pohang en 1952. À noter une partie non effacée d'un précédent numéro subsistant sur un des volets de refroidissement du capot. Cette unité fut la première à utiliser le AU-1 pendant le conflit.

Vu à Suwon en 1953, un Corsair AU-1 de la VMF-212 « Lancers ». À noter le dessin du N° 4, bien peu réglementaire. Le cache-moyeu de l'hélice, ainsi que la pointe arrière sont peints en blanc.

Corsair AU-1 de la VMF-212 « Lancers » flanqué de la flèche (lance) s'étirant tout le long du fuselage, une décoration emblématique de cette unité introduite en cours de conflit.

Page 175.
Ambiance vrombissante sur le « deck » de l'*USS Princeton* un jour de l'année 1950. Si le F4U-4 de la *VF-193* du premier plan semble bien chargé de diverses munitions létales, ses compagnons de la même unité, ainsi que de la *VF-192* suivants en sont majoritairement dépourvus. En revanche, les AD-4 « Skyraider » à droite sur la photo, appartenant eux aussi à la *VF-193,* ont leurs douze points d'emport particulièrement bien chargés. *(USN)*

Attendant l'ordre de l'officier de pont pour déployer ses ailes, ce F4U-4 de la *VF-24* embarqué à bord de l'*USS Princeto*n croisant au large des côtes de Corée durant l'année 1951 s'apprête à rejoindre la zone de catapultage. *(USN)*

En septembre 1951, deux F4U-5N de la VC-3 survolent l'USS Boxer. Sur l'appareil le plus éloigné, on peut distinguer un emblème, des marques de missions et un surnom malheureusement illisible. Sur le pont du bâtiment, un mix d'AD-4 Skyraider et de F4U-4 des *VF-791* et *VF-884* codés « A ». *(USN)*

Sur la base de Wonsan, un F4U-5N de la *VMF-513 « Flying Nightmares »* fait le plein de carburant dans ses bidons supplémentaires. À l'observation de la tenue du personnel, on imagine bien que les beaux jours ont remplacé les terribles hivers coréens. À noter les roquettes HVAR installées uniquement sous l'aile droite.
(USMC)

En novembre 1950, une tempête de neige ralentit l'activité habituellement fébrile sur le pont de l'*USS Philippine Sea*. Les F4U-4B des *VF-113* et *VF-114*, ainsi que les F4U-5N de la *VC-3* sont solidement arrimés en attendant la fin du déluge.
(USN)

Cet AU-1 de la VMF-212 observé en 1953 à Pyongtaek et surnommé « Miss Penny » était une des montures du Capt. Robert D. Alexander, mais c'est aux mains d'un autre pilote qu'il s'écrasa suite à panne de moteur.

Corsair AU-1 de la VMF-212 « Lancers ». Une photographie de cet appareil révèle des surfaces particulièrement éprouvées par les intempéries et les nombreux travaux de maintenance.

Corsair AU-1 de la VMA-323 observé à Piongtaek durant l'année 1953. Cet appareil survécut à la guerre et continua de servir au sein de l'unité de réserve de Minneapolis jusqu'au début de l'année 1955.

1

2

3

1. En 1951, un F4U-4 de la *VF-192* armé de roquettes, s'apprête à décoller du pont de l'*USS Princeton*.Remarquez le tableau des nombreuses marques de missions peint sur le fuselage.
(DR, collection particulière)

2-3-4. Quelques F4U-4 de la *VF-323 « Death Rattlers »* embarqués sur l'*USS Sicily* eurent le privilège de recevoir une décoration très élaborée : insigne de l'unité, ce *« Rattlesnake »* combine un Corsair et un serpent à sonnettes.
Sur le cliché d'appareils alignés, on remarquera, dans la rangée de gauche, que la décoration du deuxième appareil n'est pas achevée. Les autres clichés montrent le « 18 » du *1st Lt.* Vance « Bud » Yount, avec notamment son F4U-4 sur le pont du *Sicily* en fâcheuse posture suite à un atterrissage mouvementé et passablement abîmé au niveau du cockpit.
(DR, collection privée)

4

Page suivante de haut en bas.
Un F4U-5P de reconnaissance appartenant à la *VMJ-1* (*Marine Photo Reconnaissance Squadron One*). Le F4U-5P est immédiatement identifiable par son carénage contenant un compas magnétique installé dans le plan fixe de la dérive.
(DR)

Durant les hivers coréens, hommes et machines sont soumis à rude épreuve. Un F4U-5 de la *VMF-212* *« Devilcats »*, dont le fuselage est flanqué de nombreuses marques de missions, s'apprête à quitter le sol gelé de la base de Yonpo. La lettre « E » pour *Efficiency*, à l'avant du fuselage, signifie que l'unité a été distinguée pour son efficacité.
(USMC)

Corsair F4U-5 de la *VMF (N)-513 « Flying Nightmares »* basé à Pusan en 1951.
(USMC)

(suite de la page 161)
aux côtés de la version modernisée F4U-4B, un « Dash 4 » équipé de quatre canons. Viendront très rapidement se joindre à eux les modèles actualisés du *« bent wing bird »*, tel le F4U-5 qui, par sa modernité, fera entrer le Corsair dans une nouvelle ère avec ses versions F4U-5N, F4U-5NL et F4U-5P. En cours de conflit apparaîtra le AU-1, déclinaison musclée du F4U-5, une véritable brute conçue spécialement pour l'attaque au sol.

Prioritairement affectés à des missions de strafing et de bombardement classique ou au napalm, le combat aérien étant réservé aux jets, certains pilotes de ces appareils à pistons n'en remporteront pas moins de retentissantes victoires, même peu nombreuses. En mission d'interdiction, le *Captain* Philip C. Delong (as aux 11 victoires durant la guerre dans le Pacifique) de la *VMF 312* et son ailier le *Lieutenant* Harold Daigh furent « engagés » par quatre Yak-9, de petits chasseurs rapides et très manœuvrables. L'inégal combat une fois entamé, Daigh abattit le premier ennemi. Delong élimina deux des autres chasseurs d'origine soviétique. Le quatrième, sévèrement malmené, parvint à s'échapper, mais dans un piteux état laissant présager une victoire supplémentaire, quoique non confirmée.

Appartenant lui aussi à la *VMF-312*, le *Captain* Jess G. Folmar alors en mission de bombardement avec son ailier le *Lieutenant* W. E. Daniels, eut la surprenante et désagréable surprise de croiser deux redoutables chasseurs à réaction MiG 15, adversaires d'ordinaire privilégiés des F-86 Sabre. Contre toute attente, Folmar parvint à abattre l'un des deux jets mais, touché par le second MiG, son Corsair devint incontrôlable. Le capitaine préféra se parachuter hors de son appareil plutôt que de risquer un amerrissage forcé aux commandes de celui-ci. Folmar eut la vie sauve, les secours arrivant à peine dix minutes après le contact du pilote avec l'eau glaciale.

Les Nord-Coréens comptaient au nombre de leurs tactiques guerrières l'intrusion nocturne d'appareils harcelant le repos des troupes et se livrant à des bombardements aussi intempestifs qu'imprévisibles, particulièrement déstabilisateurs pour le moral des soldats. Ces intrus, surnommés *« Bed Check Charlie »*, étaient de véritables reliques du conflit précédent, comme le Polikarpov Po-2 d'une puissance légèrement supérieure à 100 CV et évoluant à une vitesse maximum de 150 km/h. En pleine ère du jet, ces anachronismes volants n'en réussirent pas moins à troubler les nuits réparatrices des troupes américaines en jetant littéralement « par-dessus bord » bombes à fragmentation, obus de mortier et autres grenades, avant de profiter de l'obscurité pour repartir en toute impunité une fois leurs méfaits accomplis.

Confiée tout d'abord à des jets, comme les Lockheed F-94, la mise hors d'état de nuire de ces vénérables biplans fut un échec. Trop rapides, les appareils à tuyères obligés de réduire considérablement leur vitesse pour coller à l'intrus décrochaient et finissaient parfois par s'écraser. Le Corsair F4U-5NL se révéla idéal pour exécuter une telle besogne. Lors d'une mission d'interdiction de ces intrus, le *Captain* Donald Fenton aux commandes de son Corsair « de nuit » abattit un de ces arrogants Polikarpof en une seule passe de tir. Le pauvre biplan de toile et de bois fut littéralement déchiqueté par les munitions de 20 mm du « Dash 5 ».

(suite page 187)

Ci-dessous.
Sous le vent et les embruns, un F4U-5NL de la *VC*-3, version *« Winterized »* du F4U-5N, se dirige vers la zone de catapultage e l'*USS Princeton*.
(USN)

MW
MARINES
VMJ-1
12216

LD
MARINES
20
121795

WF
2

Stationné sur la base de Wonsan, un F4U-5N de la *VMF-513 « Flying Nightmares »* armé de roquettes HVAR. Bien que le revêtement du fuselage apparaisse mat, il est difficile d'affirmer que cet appareil est peint en noir ; en effet le code « WF » paraît bien pâle pour être rouge.
(DR)

Un F4U-5 de la *VMF-212 « Devilcats »* armé de roquettes HVAR vient de se poser sur la piste de la base de Yonpo. L'appareil est codé « LD » et la couleur d'identification est le rouge, porté sur le cache-moyeu de l'hélice et en haut du gouvernail. À noter, sous la mention Marines, que l'inscription VMF-212 a été « grattée » sur le cliché d'origine.
(USMC)

Un F4U-5N de la *VMF (N)-513* vu à Kangnung, en 1951. Le revêtement noir et les codes peints en rouge de ces appareils de chasse de nuit avaient l'avantage d'être moins visibles sous les projecteurs ennemis. Les roquettes observées ici sont des HVAR de désignation RAM ATAR (*Anti Tank Aircraft Rocket*), munies de têtes conçues pour percer les blindages. *(USMC)*

Vu en 1952, un AU-1 de la *VMA-212 « Lancers »*, une unité immédiatement reconnaissable à sa longue flèche courant le longdu fuselage. À noter qu'un des volets de refroidissement a été remplacé sans que la flèche ait été retouchée. Le capot porte le nom de « Miss », peut-être un ancien « Miss Penny » du *Capt.* Robert D. Alexander. *(DR. Collection privée)*

Vu à Suwon en 1953, un AU-1 de la *VMA-212 « Lancers »*. À noter le dessin peu réglementaire du N° 4, la pointe arrière et le cache-moyeu de l'hélice peint en blanc, comme souvent observé sur les appareils de cette unité. *(DR. Collection privée)*

WS
MARINES
VMF-323
8

Parmi les prédateurs de ces intrus, citons le *Lieutenant* Guy Bordelon, surnommé « Lucky Pierre » qui, avec cinq victoires remportées sur les biplans en question durant ses missions de nuit à bord de son F4U-5NL, devint ainsi à la fois le seul as de la *Navy* et l'unique as de la chasse de nuit.

C'est en Corée que les pilotes américains utilisèrent pour la dernière fois le Corsair à des fins martiales. Le conflit terminé, tous ces valeureux vétérans de la *Navy* et du corps des *Marines* se reconvertirent dans une carrière pacifique au sein des unités de réserve.

Au-dessus de la Corée en 1952, un pilote de la *VMA-323* a saisi pour la postérité son camarade, lui aussi à bord d'un F4U-4B, train sorti, peut-être pour ralentir l'appareil. L'insigne des *« Death Rattlers »* peint en blanc sur le capot est bien visible. *(DR. Collection privée)*

Ci-contre, à droite. Sur la base de Punsan en 1951, un F4U-5 de la *VMF(N)-513* fait le plein de son réservoir principal. *(DR)*

En janvier 1950, précédant une lignée de Douglas AD-4 Skyraider, un Corsair F4U-4 de la *VF-64* est dirigé par un officier de pont vers la zone de catapultage de l'*USS Valley Forge*. Ce « Dash 4 », codé « M » blanc, est doté du pare-brise plat et de sa verrière adaptée de dernière génération. *(USN)*

Les photos de Corsair AU-1 ne sont pas pléthore. Ici, vu en 1952 à Pohang, un appareil de la *VMA-323* qui, si ses pylônes d'emport alaires sont vides, a en revanche son ventre garni de bombes sur ses trois points d'emport. *(DR. Collection privée)*

1

1. En 1953, un F4U-5N de la VC-4 embarqué sur l'*USS Lake Champlain* s'apprête à quitter le pont. Les *Composite Squadrons* créés en 1948 réalisaient des missions de chasse diurne ou nocturne, ainsi que de reconnaissance photographique, au moyen de détachements composés de un à cinq avions fournis aux *Air Groups* des porte-avions. *(USN)*

2. Atterrissage parfait sur le pont de l'*USS Philippine Sea* pour ce F4U-4B de la *VF-113*. On peut remarquer les pylones d'emport de charges particuliers, plus souvent observés sur les F4U-5. *(USN)*

3. Embarqué sur l'*USS Princeton* en 1950, ce F4U-4 de la VF-192 arrimé à la catapulte s'apprête à être propulsé hors du pont. La couleur d'identification blanche est portée en haut de la dérive, sur le cache-moyeu de l'hélice et sur la pointe arrière, certains des appareils ayant les saumons d'ailes également peints. *(USN)*

4. Seul sur un terrain de Wonsan et dans une ambiance plutôt détendue, un mécanicien s'affaire sur le pneu gauche d'un F4U-5N de la *VMF(N) 513 « Flying Nightmares »*. Malgré le calme apparent, on remarque que les appareils sont d'ores et déjà armés de trois roquettes HVAR *(High Velocity Air Rocket)* sous chaque aile. *(USMC)*

2

3

4

En 1952, un F4U-4B de la *VMF-323* lourdement armé et offrant un revêtement aux surfaces très éprouvées prend la pose pour la postérité dans le ciel de Corée. À noter les deux bombes en position ventrale, entourées par ce qui ressemble à des morceaux de chiffon. *(DR. Collection privée)*

20

CORSAIR « la Royale au combat »

L'AÉRONAVALE EST SANS AUCUN DOUTE l'arme qui va utiliser le plus longtemps et de façon martiale le fabuleux appareil de chez Vought. En effet, de l'Indochine à l'Algérie en passant par l'Égypte et la Tunisie, le Corsair ne cessera durant pratiquement une dizaine d'années de se distinguer par sa redoutable efficacité aux mains de pilotes émérites.

C'est dans le cadre du programme d'assistance américain MDAP (*Mutual Defense Assistance Programme*) que la France pourra se doter de Corsair.

La première acquisition de l'Aéronavale sera le AU-1, à raison de 25 exemplaires livrés par les États-Unis. Ce Corsair conçu tout spécialement pour l'attaque au sol à partir du F4U-5 a déjà fait ses preuves en Corée. Sa formidable plate-forme de tir pourvue de quatre canons de 20 mm pouvant tirer simultanément ou être débrayés afin de tirer par paire (à noter que le double fonctionnement, hydraulique et électrique, des canons causera de sérieux soucis aux armuriers...), ses treize points d'emport capables de supporter de lourdes charges explosives et autres roquettes, ainsi que son blindage de cockpit, du moteur et de ses organes vitaux, font de lui un Corsair atypique, véritablement taillé pour le baroud.

Dash 7 « *For French Only* »

Comme pendant la guerre de Corée, en pleine ère du jet on s'aperçut qu'un tel avion était très loin d'être obsolète et s'avérait a fortiori presque indispensable pour l'attaque au sol. Le seul inconvénient de cette version résidait dans son moteur performant uniquement à basse altitude.

La France demanda donc à Vought s'il lui était possible de concevoir un avion doté des qualités du AU-1, avec cependant d'un moteur garantissant d'excellentes performances à la fois à haute et basse altitude. L'avionneur américain proposera une version hybride conservant la cellule du solide AU-1 et toutes ses caractéristiques de puissance de feu, mais en lui greffant, en lieu et place du moteur Pratt & Whitney R-2800-83W à simple étage, le vénérable Pratt & Whitney R-2800-42W à double étage, emprunté au non moins efficace F4U-4, lui aussi valeureux vétéran de la guerre de Corée.

Détail d'importance, si la cellule est neuve, le moteur ne l'est pas : les mécaniciens de l'Aéronavale devront user de tout leur savoir-faire pour offrir une nouvelle jeunesse, parfois fragile, au P&W R-2800. Comme le F4U-5 et le AU-1 dont il est issu, le F4U-7 est un Corsair « rallongé », l'axe du moteur étant abaissé de 2,75°. Contre toute attente, le capot n'est pas celui du Dash 4, mais celui du AU-1 pourvu, en outre, d'une large entrée d'air sur la partie inférieure de l'anneau frontal. Au chapitre des différences, notons que beaucoup de ces appareils avaient des jantes à flasques alvéolées.

Cette ultime version du Corsair fabriquée uni-

quement pour la France recevra la dénomination F4U-7 et sera baptisée de fait *« For French Only »*. Précisons que le quatre-vingt-quatorzième Dash 7 français sonnera le glas de la production de l'avion légendaire et constituera donc l'ultime Corsair construit.

Les pilotes de cette nouvelle version ne profiteront pas des performances à haute altitude de son moteur, qualités indispensables pour la chasse et la supériorité aérienne : à l'instar de son prédécesseur et toujours compagnon d'armes AU-1, l'appareil continuera en effet d'être dévolu au bombardement, à l'assaut et à la couverture aérienne.

L'Aéronavale percevra donc 94 F4U-7 qui équiperont les Flottilles 12F, 14F, 15F et 17F, ainsi que l'escadrille de servitude 10S et, plus tard, l'escadrille école 57S.

Magnifique vue d'un AU-1 de la Flottille 14F sur le pont de l'Arromanches. On remarquera l'état des surfaces particulièrement éprouvées de cet appareil. À noter le « corsaire borgne » peint sur le plan fixe de la dérive. *(DR. Collection privée)*

Ci-dessus.
Un F4U-7 tout droit sorti des chaînes américaines. À noter le bleu sombre du drapeau de dérive. Arrivés en France, certains appareils auront ce bleu recouvert d'une même teinte plus claire pour mieux se conformer aux normes imposées aux appareils français.
(Vought)

Ci-contre, à gauche.
Beau contre-jour en toile de fond pour ces deux AU-1. Malheureusement, l'ombre résultant de la lumière crue rend les marquages illisibles. Ce cliché vaut donc uniquement pour sa qualité artistique.
(Collection Th. Quitard)

Ci-contre, à droite.
Un AU-1 de la Flottille 17F saisi dans une très fâcheuse posture après un appontage particulièrement mouvementé sur le pont du La Fayette.
(DR)

AVENTURE EN INDOCHINE

En 1945, le Japon prend le contrôle de l'Indochine et Bao Dai proclame l'indépendance du pays. Au mois d'août, les Japonais vaincus « cèdent » le pays à Hô Chi Minh, désigné chef du gouvernement. Le jour de la capitulation japonaise, la république du Viêt-Nam est proclamée.

À Hanoi, puis Saigon, le Viêt-minh entame ses fatales représailles contre les Français officiellement présents sur place depuis 1887. Le 5 octobre 1945, Charles de Gaulle s'emploie à réaffirmer l'autorité française dans son protectorat : Leclerc et son corps expéditionnaire rallient les troupes de Tchang Kaï-Chek et font leur entrée à Saigon.

L'entreprise française ne se déroule pas sans heurts. Les Américains, qui exècrent le « colonialisme à la française », soutiennent les nationalistes, et les Chinois estiment que le Tonkin doit leur revenir. Hô Chi Minh accepte des pourparlers à Paris.

La France reconnaît l'État libre du Viêt-Nam, mais au sein d'une union française. De retour au Viêt-nam, néanmoins, Hô Chi Minh proclamé président de la République dénonce cette forme d'allégeance. Les relations entre la France et le Viêt-Nam s'enveniment.

Les exactions contre les Français s'intensifient à Hanoi : des civils, français et vietnamiens, meurent par centaines.

Le même « Dash 7 » qu'à la page précédente, mais cette fois en couleur. Il est rare d'observer un Corsair dans une livrée aussi immaculée, même si les gaz d'échappement ont déjà commencé leur travail de sape. *(Vought)*

Les représailles seront effroyables...

Hô Chi Minh décrète l'insurrection générale et prend le maquis avec ses troupes armées, tout d'abord, de matériel que les Japonais leur ont volontiers légué. Les Soviétiques approvisionnent le Viêt-minh, tout comme, en sous-main, les Américains qui soutiennent le mouvement nationaliste. La guerre d'Indochine commence. Les années suivantes verront s'enchaîner tour à tour victoires et défaites cuisantes du côté des forces françaises. Le général Salan, qui succède à De

AU-1 appartenant à la 14F, observé à Bach Maï en 1954. La cocarde aux proportions peu conventionnelles a reçu un liseré jaune et le drapeau de gouvernail est flanqué d'une ancre. On notera les trois derniers chiffres du serial peints à l'intrados de l'aile gauche.

AU-1 de la 14F, observé lors des derniers jours de la bataille à l'issue tragique de Dien Bien Phu. Les cocardes n'ont pas de liseré jaune et on notera le large marquage 14F sur le fuselage.

AU-1 vu au-dessus de la cuvette de Dien Bien Phu en avril 1954. Les marquages sont assez particuliers, avec une cocarde sans liseré jaune flanquée d'une ancre grossièrement exécutée et un drapeau de gouvernail peut-être volontairement inachevé.

AU-1 de la flottille 17F. Cet appareil porte les marquages désormais « normalisés » : cocarde de diamètre plus large et liserée de jaune, flanquée d'une ancre plus stylisée et aux lignes plus fines. Le drapeau de dérive arbore également l'ancre au design désormais en vigueur.

AU-1 de la flottille 17F. On notera le fond de l'insigne laissé en bleu clair, sa couleur d'origine, une teinte abandonnée par la suite au profit du rouge. Le cache-moyeu est laissé métal nu, alors que la plupart des appareils de cette flottille en offrent un peint en rouge.

AU-1 de la flottille 12F, observé à bord du porte-avions Arromanches au début des années soixante. Les trois derniers chiffres du serial sont répétés à l'intrados de l'aile gauche.

Page suivante de haut en bas. Durant l'année 1960 : installés aux commandes de leur AU-1, moteur coupé, les pilotes de la Flottille 12F embarquée sur l'Arromanches s'apprêtent à rejoindre de façon imminente la zone de catapultage. *(Collection T. Quitard)*

Un F4U-7 de la Flottille 12F saisi au moment de son appontage parfaitement réussi sur le pont du La Fayette en 1955, pendant la campagne d'Indochine. À noter la large trace des gaz d'échappement courant jusqu'à la pointe arrière de l'appareil. *(DR)*

Lattre, parvient à contenir les assauts des Viets contre Hanoi et à contrôler le delta du fleuve Rouge. Mais l'étau se resserre autour du delta et les Français établissent un camp retranché dans la cuvette de Diên Biên Phu pour contrer cette étreinte.

Le camp harcelé subit un déluge de feu de l'artillerie viêt-minh remarquablement camouflée, ce qui rend les opérations de l'aviation française délicates. Malgré les pilonnages incessants, la « cuvette » résistera jusqu'au 7 mai 1954.

La 14F en action

Même s'il est souvent admis, à juste titre d'ailleurs, que les deux principales stars des ailes françaises en Indochine sont deux « chats » de chez Grumman (le Hellcat et le plus redoutable Bearcat), le bon vieux Corsair n'en participe pas moins, sur le tard il est vrai, aux tragiques épisodes de la guerre d'Indochine.

La 14F prend livraison de 25 AU-1 déposés à Tourane par *l'USS Saipan*. Ces « brutes » de la guerre de Corée arrivent dans leur jus ; ils ont juste été repeints par-dessus la crasse, au point que les mécanos en déclarent 24 indisponibles. Il faudra tout le talent de ces derniers pour que quelques jours plus tard, les Corsair puissent reprendre leurs envols.

Un baroudeur à toute épreuve

C'est au-dessus d'un relief encaissé, et donc particulièrement hostile, que le Corsair AU-1 de chez Vought se distingue.

Super rapide, blindé et armé jusqu'aux dents, il est affecté à des missions de bombardement classique, mais aussi au largage du redoutable napalm pudiquement désigné sous le terme de « bidons spéciaux », qui nettoie les points d'appui tombés aux mains de l'ennemi, mais aussi les routes (la RP 41 — Route Principale 41 — et la RP 13) acheminant le ravitaillement ennemi. Harcelés sans discontinuer, les Viets « raccommodent » pourtant ostensiblement ces voies. L'ennemi est très mobile et le AU-1 se voit sollicité en permanence.

Les armuriers perclus de fatigue « raclent les fonds de tiroirs » comme ils le peuvent pour alimenter les Corsair assurant de multiples missions : bombardement des chemins de liaison, destruction, bien souvent au napalm, de nids de guerriers et de camps d'entraînement camouflés en paisibles villages. Ces nécessaires opérations se soldent fréquemment par des tragédies : d'innocentes victimes, auxquelles les communistes se sont mêlés, périssent. Les bases souterraines, nombreuses, sont également pilonnées sans modération.

Le nettoyage des tranchées, véritable entreprise de chirurgie, est confié aux quatre canons de 20 mm. Les Corsair escortent également les missions de parachutage. Il est à ce propos intéressant de noter que durant le conflit, les pilotes de C-119 Packet étant numériquement insuffisants, des équipages « civils » seront loués à une société d'aviation dont le dirigeant n'est autre que le général Claire Chennault, créateur des célèbres Tigres Volants...

Le AU-1 participe lui aussi activement à la couverture de l'évacuation des troupes et des civils. Cette débauche d'énergie, d'acier, de feu et de sang, toutes armes confondues, n'empêchera pas la cuvette (surnommée « le bidet » par les pilotes) de Diên Biên Phu, puis l'ensemble de l'Indochine de tomber aux mains du Viêt-minh

Ci-dessous.
Ambiance crépusculaire, vraisemblablement en Algérie, pour ces deux F4U-7 de la 15F dûment décorés de leur «Triton » sur le plan fixe de la dérive.
(Collection Th. Quitard)

12.F.3
12.F.8
12.F.9

12F.22

Quittant le pont du La Fayette en 1960, un AU-1 de la flottille 12F est immédiatement suivi par un frère d'armes prenant position vers la zone de catapultage. À noter, sur l'appareil codé 12F-12, l'absence du marquage du BuAer accompagné de ses six chiffres à l'aplomb de l'empennage.
(Collection Th. Quitard)

Ci-dessus.
F4U-7 de la 12F qui, bien que paré des bandes jaune et noir appliquées sur les appareils participant à l'opération Mousquetaire, ne participa pas à cette dernière, les avions de la flottille 12F ayant été maintenus en réserve.

Ci-dessous.
F4U-7 de la 14F s'apprêtant à être catapulté du pont du porte-avions Bois Belleau. À noter l'absence de représentation du « corsair borgne » sur le plan fixe de la dérive.
(ECPA F58.439R18)

qui n'hésite désormais plus à afficher clairement sa coloration plus communiste que nationaliste.

Un redoutable prédateur

Le tragique et sanglant conflit indochinois prend officiellement fin le 21 juillet 1957. Le Viêt-nam sera dès lors séparé en deux, Nord et Sud, à la hauteur du 17e parallèle.

La France perd 3 000 hommes. Les prisonniers, environ 10 000, connaîtront un sort monstrueux. Affamés, torturés, « rééduqués » par la bonne parole des acolytes d'Oncle Hô, exécutés de façon sommaire ou, peut-être pire encore, à la merci d'exactions d'un raffinement barbare, seuls quelque 4 000 d'entre eux survivront. Les forces aériennes, armée de l'Air et Aéronavale confondues, déploreront la perte de 80 % de l'aviation engagée.

À la fin de l'année 1954, l'Aéronavale restitue aux Américains les valeureux AU-1. Ils seront remplacés par des F4U-7, les bien nommés For French Only, eux aussi redoutables prédateurs…

LES CORSAIR EN ÉGYPTE

Né à la fin de la Première Guerre mondiale, le jeune Égyptien Gamal Abdel Nasser à la carrière militaire prometteuse fomente avec l'aide du général Neguib un coup d'État qui, le 23 juillet 1952, renverse le roi Farouk et, avec lui, des siècles de monarchie absolue.

La belle prestance de cet officier de 29 ans n'a d'égale que son charisme. Débarrassé de Neguib et après des élections qui ne rencontrent pratiquement aucune opposition, Nasser devient président, le Raïs de la nouvelle république d'Égypte.

Ses méthodes gouvernementales prétendument d'inspiration socialiste n'en semblent pas moins revêtues de connotations dictatoriales. Ses dangereux penchants gênent pourtant peu les États-Unis, qui le considèrent avant comme un rempart intègre contre le péril rouge. Mais emporté par l'ivresse du pouvoir, le « gentil » dictateur devient de moins en moins fréquentable pour les Occidentaux. Ses discours proarabes appuient en effet la rébellion algérienne antifrançaise et illustrent son soutien pour les actions palestiniennes antisionistes depuis la bande de Gaza, en taxant la politique d'Israël d'« impérialisme assassin ». Il prône par ailleurs l'union des trois forces arabes (Égypte-Jordanie-Syrie), souhaitant les rassembler sous un commandement unique.

La crise de Suez

Le Raïs cumule les erreurs. Ses diatribes contre les Français et les Anglais (qui le qualifient désormais de nouveau Hitler) et contre Israël émeuvent peu les Américains, jusqu'à ce que leur petit protégé sympathise avec la Chine populaire au point de reconnaître son régime communiste le 15 mai 1956.

Comble de la perfidie, il réarme de la main gauche sa défense grâce à des pays satellites, dont la Tchécoslovaquie, qui lui fournissent du matériel militaire soviétique, tout en sollicitant de la main droite l'aide financière des Américains afin de concrétiser son rêve de barrage à Assouan.

Pour arriver à ses fins et malgré ses outrageantes prises de position à l'encontre des Occidentaux, il n'hésite pas non plus à solliciter la BIRD (Banque internationale pour la reconstruction et le développement), financée notamment par Washington, Londres et Paris, tout en s'assurant simultanément l'appui financier des Soviétiques au cas où les Occidentaux oseraient se montrer sceptiques… C'est d'ailleurs ce qui se produira. Préoccupé par les amitiés procommunistes et la gestion aléatoire de l'économie égyptienne, le secrétaire du Trésor des États-Unis refusera maladroitement, mais très justement, le prêt requis par Nasser. Blessé, l'arrogant dictateur appuyé par son peuple et ses voisins arabes décide alors de se venger de l'Occident.

Nasser choisit, à quelques jours près, le quatrième anniversaire du renversement de la monarchie pour prononcer un discours qui, par son effet de surprise et son audace, marquera l'histoire d'une empreinte heureusement fugace. « Le canal paiera pour le barrage. Pour le rendre au peuple égyptien, je prends le canal ! »

Ci-dessus, de haut en bas.
Un F4U-7 de la Flottille 14F en maintenance. À noter l'état des surfaces et la large empreinte des brûlants gaz d'échappement sur le fuselage.
(DR)

Beau cliché en couleur offrant un alignement de F4U-7 de la Flottille 15F sur le pont du porte-avions La Fayette.
(Collection S.Guillemin)

F4U-7 observé en Indochine en 1954. Cet appareil appartenant à la flottille 12F était embarqué sur le porte-avions Bois Belleau. Le « Donald au tromblon » est peint en blanc au pied du plan fixe de la dérive.

F4U-7 de la flottille 14F arborant la tête de « Corsair borgne » au pied du plan fixe de la dérive. Cet appareil partira pour l'Algérie à son retour d'Indochine.

F4U-7 de la flottille 15F, embarqué sur le porte-avions Arromanches durant l'année 1959. L'appareil arbore le « Triton », emblème de cette flottille, sur le plan fixe de la dérive.

Un F4U-7 de la flottille 17F, observé en 1959 sur la base aéronavale de Karouba Sidi Ahmed en Tunisie. Les Corsair de la 17F seront présents sur cette BAN d'août 1958 à mars 1962.

Un des deux F4U-7 utilisés au sein de l'escadrille de servitude et d'expérimentation 10S de Fréjus en 1958. Ces deux appareils furent endommagés suite à la rupture du barrage de Malpasset le 2 décembre 1959.

Ce F4U-7 est l'un des dix Corsair attribués à l'escadrille école 57S de l'aéronautique navale. Basée à Khouribga, au Maroc, cette escadrille fut dissoute durant l'année 1962.

1

2

3

1. Crosse déployée et volets abaissés, un F4U-7 de la Flottille 15F se présente parfaitement dans sa manœuvre d'appontage. *(Collection S.Guillemin)*

2-3. Deux rares photographies en couleur montrant le personnel de pont s'activant autour de F4U-7 de la Flottille 12F. *(Collection S. Guillemin)*

4. Un AU-1 de la 12F, ailes repliées et flanqué de son « Donald au tromblon », lézarde sous le soleil de la base algérienne de Telergma. *(Collection S. Guillemin)*

4

Dans le même temps, joignant le geste à la parole ses troupes d'élite s'emparent des locaux de la Compagnie universelle par la force et au mépris des conventions internationales.

Fort du succès de cette déclaration auprès de son peuple, Nasser enchaîne visites et discours, de plus en plus hostiles envers les Occidentaux, dénonçant le « colonialisme oppresseur » des Français et des Britanniques et s'attirant ainsi les foudres de ses principaux pourvoyeurs de fonds. Malgré l'intervention de plusieurs diplomates, le Raïs campe sur ses positions : le conflit semble inévitable. Grâce au péage acquitté par tous les navires du monde (hormis les bâtiments israéliens ou affrétés par Israël, qui ont interdiction de circuler), la nationalisation du canal permettrait de construire le barrage d'Assouan.

Pour l'Angleterre, actionnaire majoritaire de la Compagnie, la nouvelle fait l'effet d'une gifle. La France, quant à elle, ne supporte plus les discours qui attisent la révolte algérienne, soupçonnée en outre d'être alimentée par des armes en provenance d'Égypte. Les deux grandes nations s'allient pour une action militaire et décident d'y associer Israël. Le scénario paraît simple : Israël lancera une attaque contre le Sinaï, territoire égyptien, et les troupes franco-britanniques viendront séparer les belligérants sous prétexte de restaurer la paix au Proche-Orient, en profitant de l'occasion pour neutraliser le canal...

Opération Mousquetaire

Le 29 octobre l'armée israélienne déferle sur le Sinaï, balayant contre toute attente la résistance pourtant acharnée des troupes égyptiennes. Le général Moshe Dayan bouleverse le programme et n'a nul besoin de renforts pour infliger une défaite humiliante aux soldats du Raïs, avec près de 8 000 morts et blessés sur le terrain.

L'opération Mousquetaire doit se dérouler en trois phases.

Phase 1 : « Préparation aéro-psychologique ». Les aérodromes et l'aviation du Raïs seront réduits à néant.

Phase 2 : Les Bérets Rouges du 3rd Para anglais sauteront sur l'aérodrome de Gamil, à l'ouest de Port-Saïd. Les parachutistes français du 2ᵉ R.P.C. sauteront

pour leur part sur les ponts de Port-Fouad.

Phase 3 : Les opérations de débarquement et d'assaut amphibie anglais seront menées par la 3rd Commando Brigade, le 6th Royal Tank Regiment et le 3rd Field Squadron du génie.

La règle primordiale consiste à ne pas négliger la force aérienne du Raïs, première du Proche-Orient. Elle dispose en effet de matériel anglais, mais également d'appareils en provenance du bloc de l'Est, tels que des MiG 17 Fresco, MiG 15 Fagot et autres Ilyoushine 28 Beagle. Il convient d'exclure ces avions modernes de l'espace aérien.

À partir du 31 octobre, les Canberra, Venom et Valiant britanniques, ainsi que les F-84F français pilonnent hangars, pistes et avions au sol.

En deux jours, la flotte aérienne de Nasser est réduite à néant !

Les Corsair entrent en scène

Ne courant plus aucun risque de mauvaises rencontres avec des jets modernes, les gros monomoteurs de la Royale peuvent alors entrer en action. Ils sont déployés en deux groupes : quatorze F4U-7 de la Flottille 14F sur *l'Arromanches* et dix-huit F4U-7 de la Flottille 15F, plus un détachement de quatre F4U-7 de la Flottille 14F, sur le *La Fayette*. Le 1er novembre, les Corsair s'élancent pour leur première mission : reconnaissance et destruction d'un destroyer égyptien. Les bombes larguées de trop haut manquent leur cible, qui prend le large. Le lendemain, une autre mission d'envergure est cette fois-ci confiée à la Flottille 15F : le bombardement de l'aérodrome Alexandrie-Dikheila. Lourdement chargés de bombes de 500 livres, douze F4U-7 sont catapultés du *La Fayette*. L'objectif est à présent en vue. Le comité d'accueil égyptien, particulièrement zélé ce jour-là, « fête » l'arrivée des Dash 7 ! D'inaudibles, mais néanmoins meurtriers, flocons noirs cernent les Corsair, qui se délestent de leur cargaison mortelle, puis dégagent... Les hangars sont pulvérisés. Les Égyptiens réagissent sans tarder : outre la DCA, des feux nourris provenant de bateaux stationnés dans la rade de la presqu'île de Port-Saïd tentent de mettre fin au féroce ballet des Corsair, mais en vain... La troisième et dernière vague achève le travail en détruisant les pistes. Malgré l'impressionnant tir de barrage, tous les Corsair répondront présents à l'appontage, ajoutant ainsi au succès de la mission !

Sous le soleil algérien, un bel alignement de F4U-7 de la Flottille 12F, chaque appareil étant lourdement chargé de roquettes HVAR d'origine américaine. À noter le cache-moyeu de l'hélice peint en bleu clair, caractéristique de cette flottille. *(DR)*

1

1-3. *Deux F4U-7 de la Flottille 15F vus sur la BAN d'Hyères à leur retour d'Égypte. Le fuselage et les ailes ont reçu les bandes d'identification jaune et noir distinctives des appareils ayant participé à l'opération Mousquetaire durant la crise de Suez.*
(ECPA)

2-4. Alignement de Corsair AU-1 sous le soleil de Bach Maï, en Indochine, durant l'année 1954. On remarquera des différences dans la représentation des cocardes, et plus particulièrement la disparité des marquages pour le gouvernail, la peinture de ce dernier étant vraisemblablement laissée à l'appréciation des mécaniciens.
(ECPA 54.71.R1 et 54.71 R9)

2

Redoutant l'attaque de ses porte-avions par la marine égyptienne, l'Aéronavale maintient en permanence quatre Corsair en l'air. C'est durant l'une de ces missions qu'une patrouille s'acharnera à la roquette sur un bâtiment « présumé » ennemi. Les véloces T-10 ont heureusement explosé autour du navire, qui a promptement plongé. Ce prétendu adversaire est en fait un sous-marin français, *La Créole*, ayant la malencontreuse idée de croiser dans des eaux ennemies... Les impétueux pilotes (ils n'avaient pas pris le temps d'identifier leur cible) se feront « remonter les bretelles » dans les règles, mais l'incident sera vite clos !

Sus à l'aérodrome d'Almaza !

Pourtant déjà malmené par les opérations conjointes de la Fleet Air Arm, de la Royal Navy et de l'Armée de l'Air, l'aérodrome du Caire-Almaza se retrouve de nouveau dans le collimateur. Ses pistes partiellement détruites représentent de fait encore un danger. Une action mixte de la 14F et de la Flottille 15F est diligentée. Comme à l'accoutumée, les vagues d'appareils arrivent d'azimuts différents afin de semer la panique au sein de la D.C.A. ennemie. Contre toute attente, celle-ci semble d'ailleurs peu motivée... La meute de la Flottille 15F ouvre le bal : les Corsair encerclent l'aérodrome et, tour à tour, les pilotes s'occupent de ce qu'il reste des pistes et des bâtiments. Le succès de l'opération sera malheureusement entaché par la perte inexpliquée d'un pilote : abattu par la DCA, crashé suite à une ressource tardive, ou bien encore pris vivant et lapidé par la foule ? Nul ne le saura jamais, et cela vaut peut-être mieux !

Outre la destruction d'aérodromes, les Corsair sont affectés à des missions de straffing, mais aussi au soutien des troupes aéroportées. Parachutés au milieu de la résistance égyptienne, les paras du 2e RPC harcelés par des engins lourds égyptiens sollicitent l'appui de l'Aéronavale. Les Dash 7 nettoient les poches de fantassins et les matériels blindés du Raïs. Une entreprise rendue délicate par la promiscuité des combattants des deux camps. Pendant ce conflit, pourtant de courte durée, les « vieux » Corsair qu'on aurait pu qualifier d'obsolètes en ce début de l'ère du jet prouvèrent une fois encore qu'entre les mains de leurs talentueux pilotes, ils pouvaient se révéler de redoutables prédateurs.

Humiliation ultime

Sous la pression diplomatique des États-Unis, de l'URSS qui brandit la menace absurde

3

4

de l'usage de l'arme atomique en cas de généralisation du conflit, mais aussi de la désapprobation internationale qui redoute de voir la situation s'envenimer, début novembre le corps expéditionnaire franco-britannique reçoit d'en haut l'ordre sans appel de stopper les opérations.

Humiliées, les troupes franco-britanniques, au seuil de la victoire, doivent satisfaire aux requêtes des politiques et déposer les armes, cédant la place aux troupes d'interposition de l'ONU. Quoique militairement anéanti, Nasser n'en remporte pas moins une victoire « par forfait » sur des adversaires réduits à la colère et à la consternation.

L'échec de Suez aura de lourdes conséquences. Du côté égyptien, les minorités européennes qui ont contribué à enrichir et à moderniser le pays fuiront la terre des pharaons.

Du côté de la France, ce camouflet aura pour effet d'insuffler un regain d'énergie à la révolte algérienne, qui voit en cette pseudo-réussite la promesse d'une future victoire du FLN en Algérie. Une occasion dramatique, mais intéressante, de retrouver le Corsair sous d'autres cieux...

LES CORSAIR EN AFRIQUE DU NORD

Dès les années 1920, des mouvements nationalistes germent en Algérie et s'insurgent contre la présence française dans le pays.

Une sévère répression n'empêchera pas ces mouvements de refleurir après-guerre et de se radicaliser au début des années 1950.

De l'Algérie...

La violence, seul mot d'ordre adopté par les indépendantistes, mènera à d'importantes émeutes les 30 octobre et 1er novembre 1954, ainsi qu'à la perpétration de 70 attentats meurtriers. Ces deux jours de terreur, tristement baptisés « la Toussaint rouge », marqueront le véritable début des événements d'Algérie. En 1955, l'état d'urgence est décrété mais quelques mois plus tard, gendarmes et policiers français se trouvant dans l'impossibilité de maintenir l'ordre, la France enverra ses premiers militaires du contingent sur le sol algérien. Durant ces événements, les quatre flottilles 12F, 14F, 15F et 17F de l'Aéronavale seront invitées à participer au maintien de l'ordre en terre algérienne. Les Corsair seront basés à tour de rôle sur la BA 211 située à Telergma, mais aussi à Alger Maison-Blanche, Karouba ou bien encore Biskra. En dehors de l'Algérie, les sols marocain et tunisien accueilleront les appareils de la Royale. Des AU-1, dont certains ont déjà connu le feu en Extrême-Orient, viendront unir leurs talents de vieux baroudeurs à ceux du Dash 7, dernier-né de chez Vought. Taillées pour l'assaut, ces patrouilles mixtes s'illustreront lors de leurs missions aux cadences soutenues et aux conditions harassantes, à l'occasion d'opérations d'appui-feu, de bombardements et de straffing dévastateurs.

Propice à la dissimulation des rebelles, le relief du pays ne facilite guère la tâche... Mais lorsque les « Tex » (N.A. T-6 Texan) conduisent les U-Birds vers une cible, les canons de 20 mm, roquettes HVAR et T-10, ainsi que les diverses bombes sèment la terreur au sein des nids de fellaghas. Pendant ces événements d'Algérie, l'Aéronavale paiera un lourd tribut en déplorant la perte de 14 pilotes (de source officielle) dont la disparition sera pourtant très rarement attribuée au feu de l'ennemi : c'est par accident, percussion en vol, erreur humaine et crash inexpliqué, souvent dû au phénomène de « target fixation », que les flibustiers des flottilles de l'Aéronavale seront censés avoir perdu la vie.

... à la Tunisie

Juillet 1961 : sous protectorat français depuis 1881, autonome à partir de 1954, indépendante en 1956 et proclamée république sous la férule de Bourguiba l'année suivante, la Tunisie ne tarde pas, dans l'ambiance propice des années 1960, à succomber à la mode de l'émancipation des peuples soi-disant opprimés par la présence française. Les éclats de voix ont tôt fait de revêtir une tournure martiale : les mesures de rétorsion arbitraires, telles que l'interdiction du survol de la Tunisie par tout avion français, sanctionnent le début des hostilités. Les Tunisiens vont même jusqu'à ériger un mur empêchant les appareils d'accéder aux pistes de l'aéroport de Bizerte. Malgré les très nombreuses familles françaises se trouvant en terre tunisienne et exposées chaque jour davantage aux éructations nationalistes des excités du parti Néo-Destour, à Paris l'Élysée semble indifférent à ces menaces.

À Bône-les-Salines, les Paras des 2e et 3e RPIMa ne s'en préparent pas moins, et avec une certaine impatience, à faire taire les aboiements des acolytes de Bourguiba. Les Paras sauteront finalement sur Sidi-Ahmed, au sud du lac de Bizerte, sous le feu nourri des Tunisiens qui pilonneront également les pistes de cet aéroport. Encore une fois, les Corsair de l'Aéronavale de la 12F et, pour l'occasion, de la 17F participeront à ce conflit éclair (une huitaine de jours), s'illustrant dans les tâches qui leur auront été confiées, soit principalement l'attaque au sol, détruisant des convois de blindés tunisiens et réduisant les poches de résistance. La gare de Sidi-Ahmed sera « traitée » à la bombe de 500 livres, ce sort calmant instantanément les ardeurs belliqueuses des néo-nationalistes y ayant établi leur QG avec force mortiers et canons. Ce différent franco-tunisien d'une semaine coûtera pourtant la vie à une trentaine de Français et à plus de cinq cents autochtones. Malgré une centaine de missions et quelques accrochages sévères, l'Aéronavale n'aura aucune perte d'appareil à déplorer. De nouveau, cette fois sur fond de cieux nord-africains et en dépit de l'introduction désormais massive des oiseaux à réacteur, le vieux flibustier à pistons et ailes tordues aura fait la démonstration de sa belliqueuse verdeur aux mains de pilotes émérites.

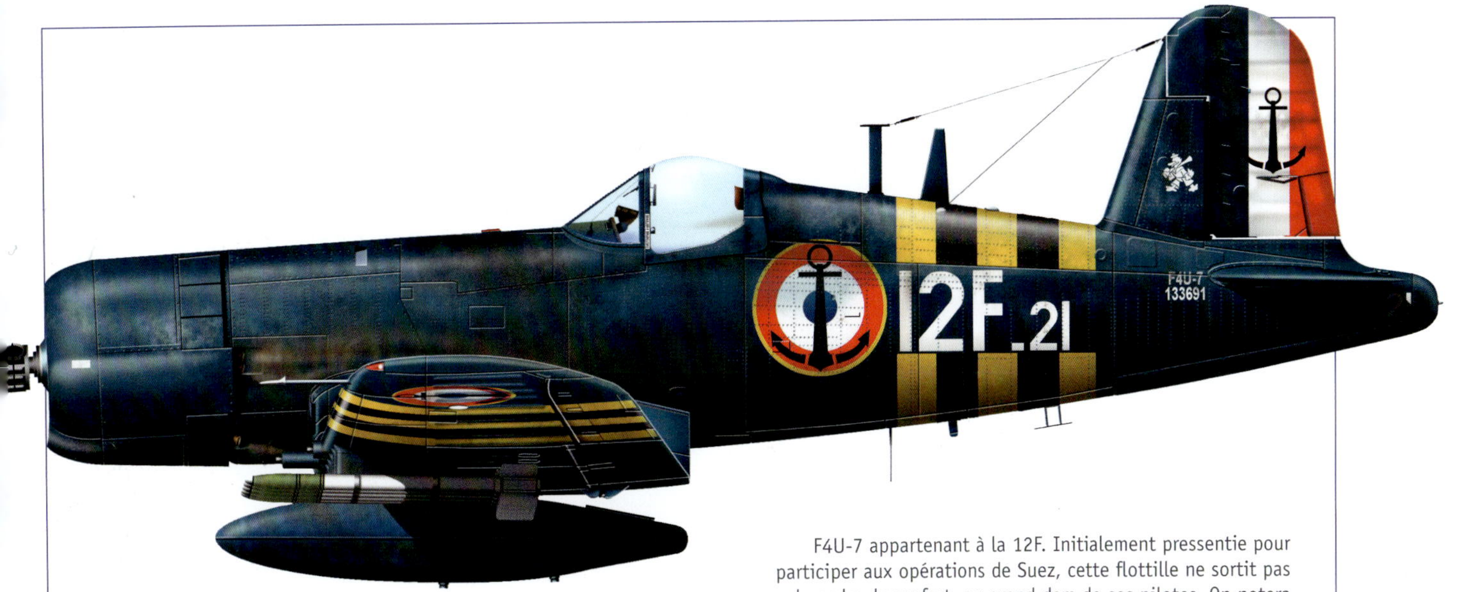

F4U-7 appartenant à la 12F. Initialement pressentie pour participer aux opérations de Suez, cette flottille ne sortit pas du cadre du renfort, au grand dam de ses pilotes. On notera le bleu foncé du drapeau de gouvernail.

Contrairement à ses frères d'armes, ce F4U-7 de la flottille 14F embarquée sur le porte-avions Arromanches ne revêt que les trois bandes jaunes peintes directement sur son fuselage, les deux bandes noires étant curieusement absentes.

Ce F4U-7 de la flottille 15F embarquée sur le *La Fayette* arbore le schéma distinctif à bandes noir et jaune caractéristique de tous les appareils participant à l'opération Mousquetaire. À noter la couleur bleu clair du drapeau de gouvernail.

CORSAIR les annexes

1. Les versions

DIFFÉRENCES EXTÉRIEURES DES PRINCIPALES VERSIONS DU CORSAIR

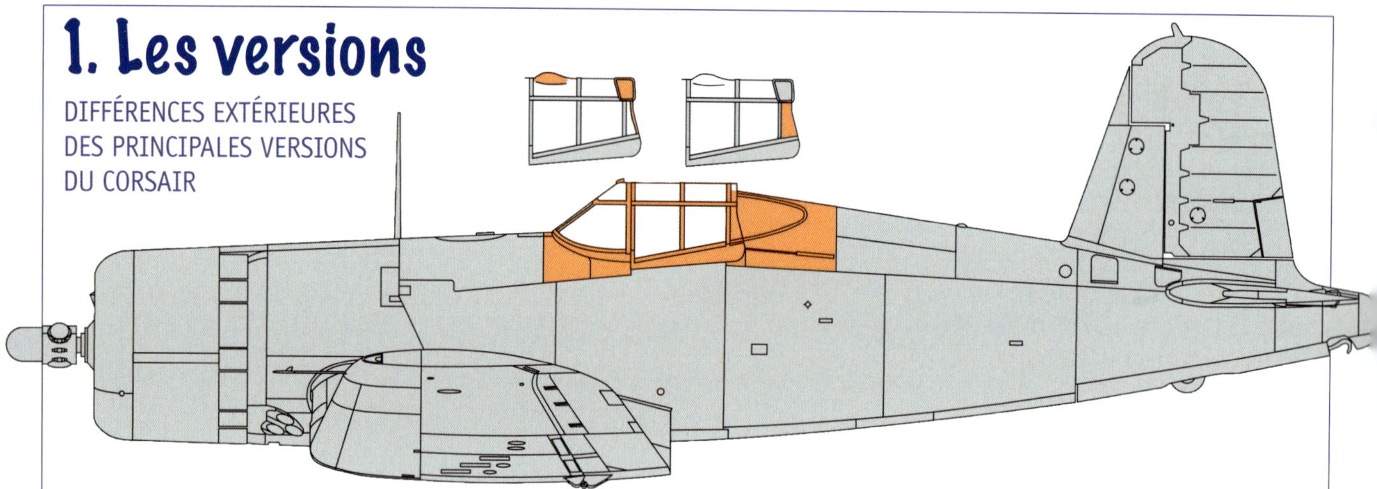

F4U-1. Premier appareil de série de la famille Corsair, surnommé « Birdcage » par référence à sa verrière pourvue de nombreux montants. Deux autres types de verrière « cage à oiseau » apparaîtront par la suite, la différence se situant au niveau de la découpe de la partie arrière. Elles auront en commun un bossage optimisant le rôle du rétroviseur intérieur et un blindage de la partie arrière supérieure.

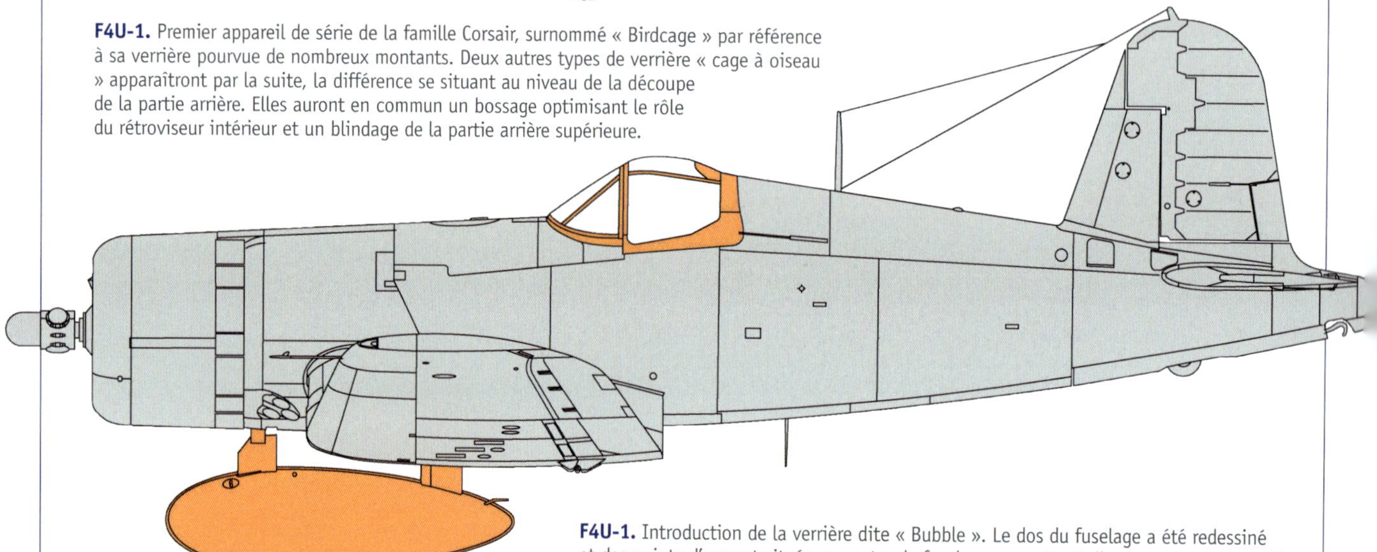

F4U-1. Introduction de la verrière dite « Bubble ». Le dos du fuselage a été redessiné et des points d'emport situés au centre du fuselage permettent d'embarquer un réservoir supplémentaire. Version souvent dénommée « A », ce suffixe n'a pourtant pas eu d'existence officielle et n'apparaît en aucune façon dans le Flight Operating Handbook des pilotes, pas plus que dans les manuels de réparation, de maintenance et de pièces détachées. Pour finir, cette dénomination ne figure pas non plus sur le gouvernail.

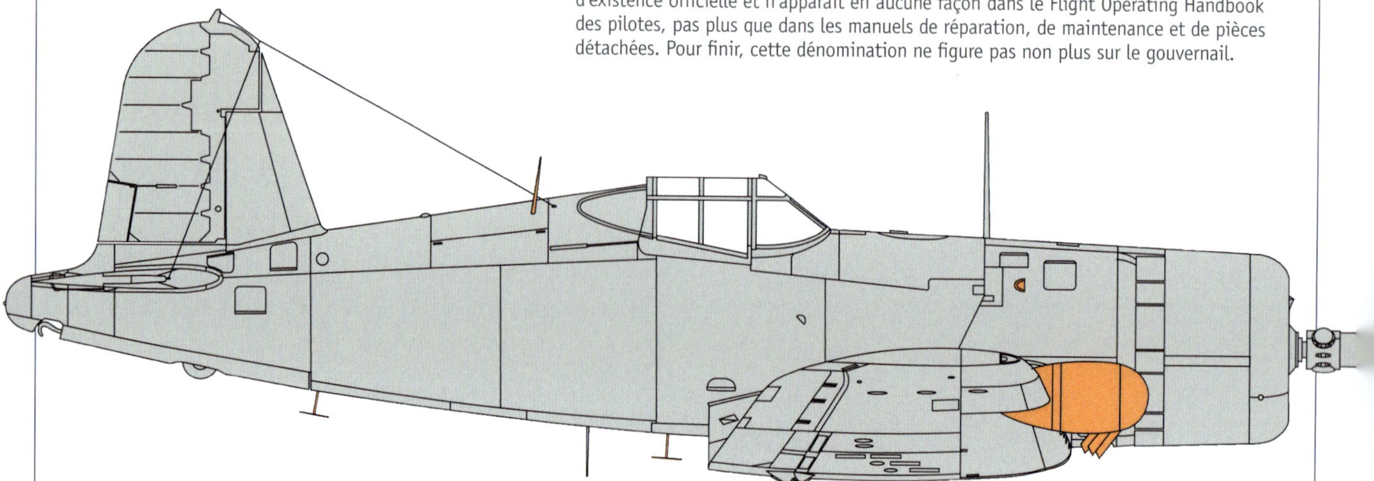

F4U-2. Appareil de chasse de nuit. Conçu à partir de la cellule du F4U-1 « Birdcage », l'appareil se distingue par l'installation d'un radar AIA, par la suppression d'une mitrailleuse afin de compenser le supplément de poids et par une petite entrée d'air sur le côté droit du fuselage. De longs cache-flammes prolongent les sorties d'échappement et deux antennes reliées au radioaltimètre sont placées sous le fuselage.

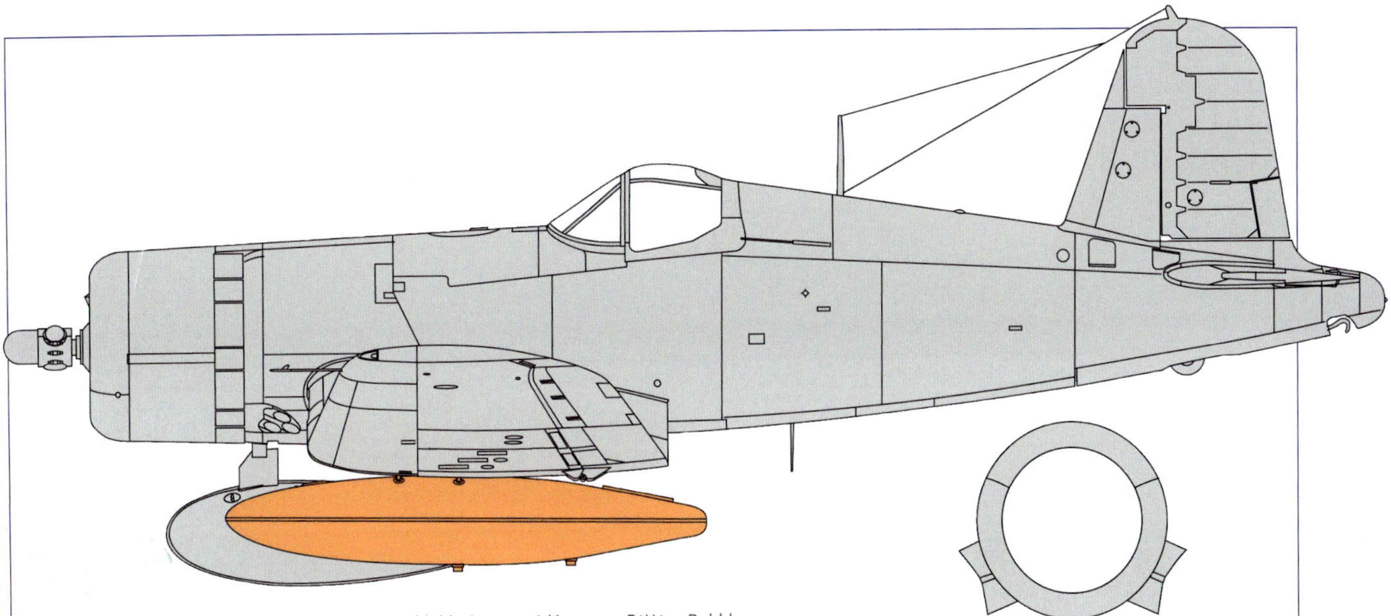

F4U-1D. Début de série. Extérieurement semblable à son prédécesseur F4U1 « Bubble », cet appareil s'en distingue néanmoins par l'adjonction d'un nouveau circuit d'alimentation en carburant et des pylônes supplémentaires de part et d'autre du fuselage pour l'emport de réservoirs auxiliaires. Cette configuration impliqua la suppression des réservoirs installés dans les ailes.

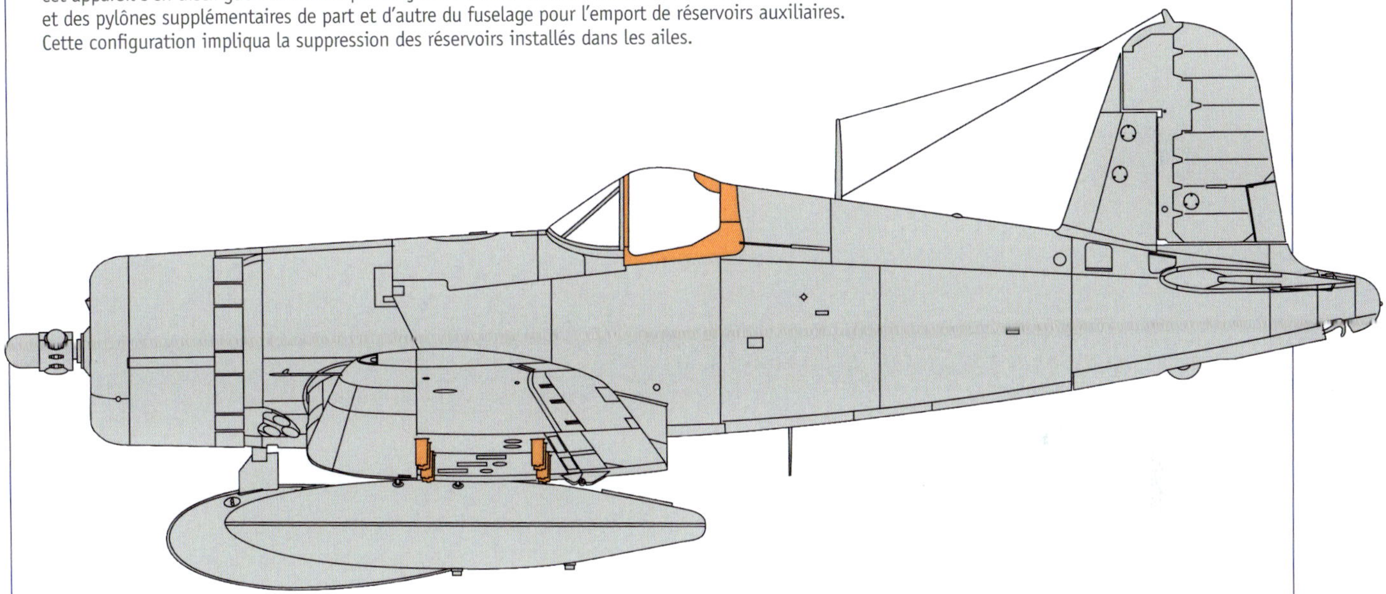

F4U-1D. Adjonction de part et d'autre du fuselage de nouveaux pylônes offrant la possibilité d'emporter des réservoirs supplémentaires ou bien des bombes. Les ailes ont reçu chacune quatre pylônes destinés à l'emport de roquettes HVAR de 127 mm. On remarque, sur la verrière, la suppression des barres de renfort. À noter que cette version marquera l'introduction de la teinte glossy sea blue, qui recouvrira ensuite toutes les versions de Corsair.

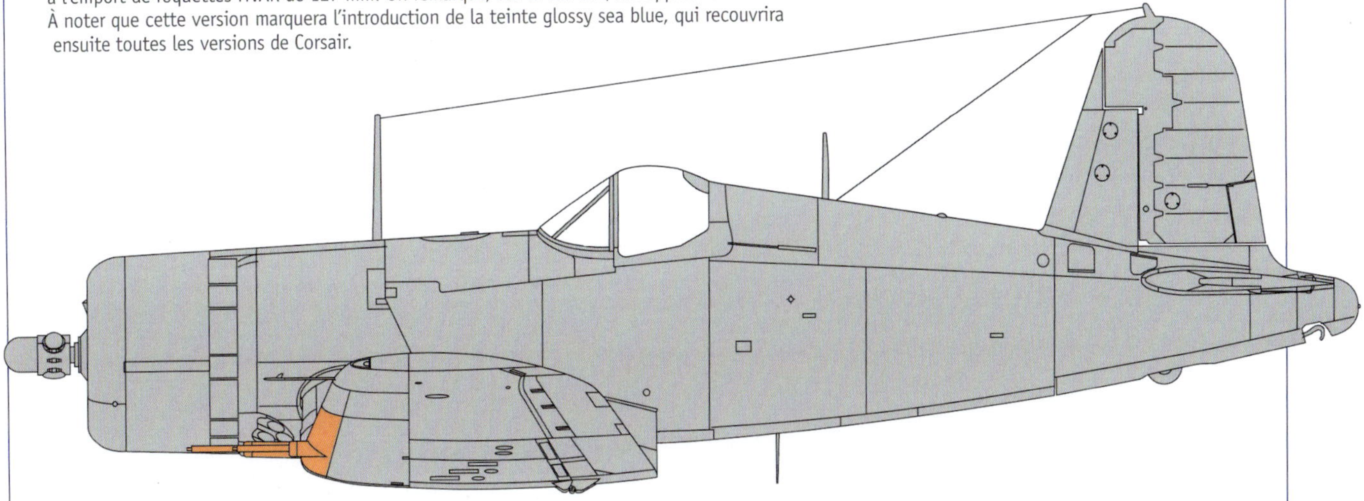

F4U-1C. Basée sur la cellule du F4U-1D, cette version était équipée de quatre canons M2 (version américaine des canons Hispano-Suiza) de 20 mm, en lieu et place des six mitrailleuses de 12,7 mm. Bien que construite à raison de seulement 200 exemplaires, cette version adoptée par les Marines dans le Pacifique se révéla très efficace pour l'attaque au sol.

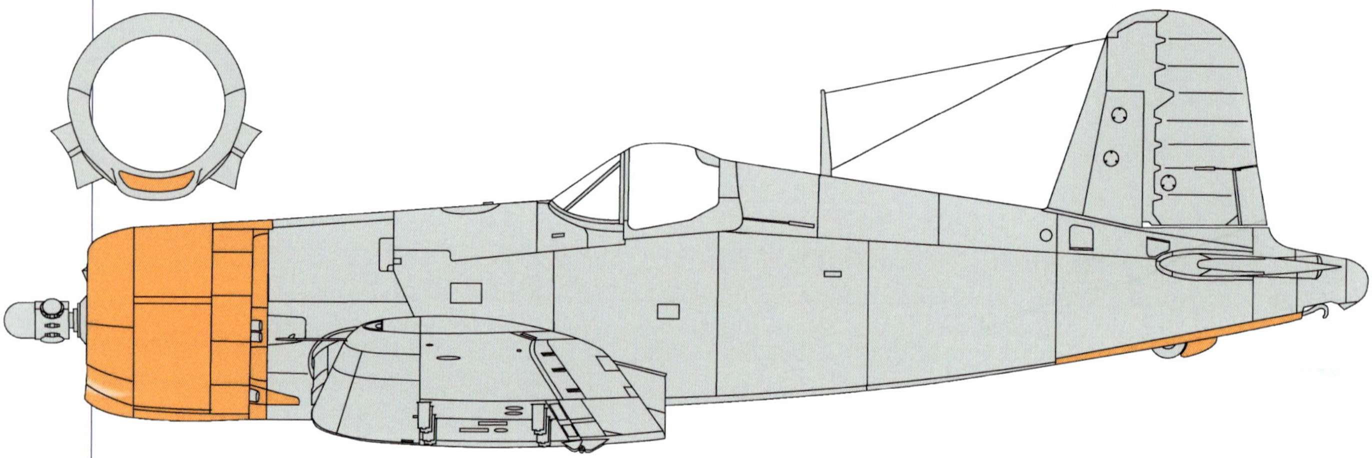

F4U-4. Doté d'une motorisation plus puissante que ses prédécesseurs, le F4U-4 est le premier Corsair à posséder une hélice quadripale. Les logements des sorties d'échappement font l'objet d'un nouveau design. Pour garantir un meilleur refroidissement du moteur, le capot reçoit une large entrée d'air dans sa partie inférieure. En cours de production, la roulette de queue bénéficiera d'un carénage aérodynamique.

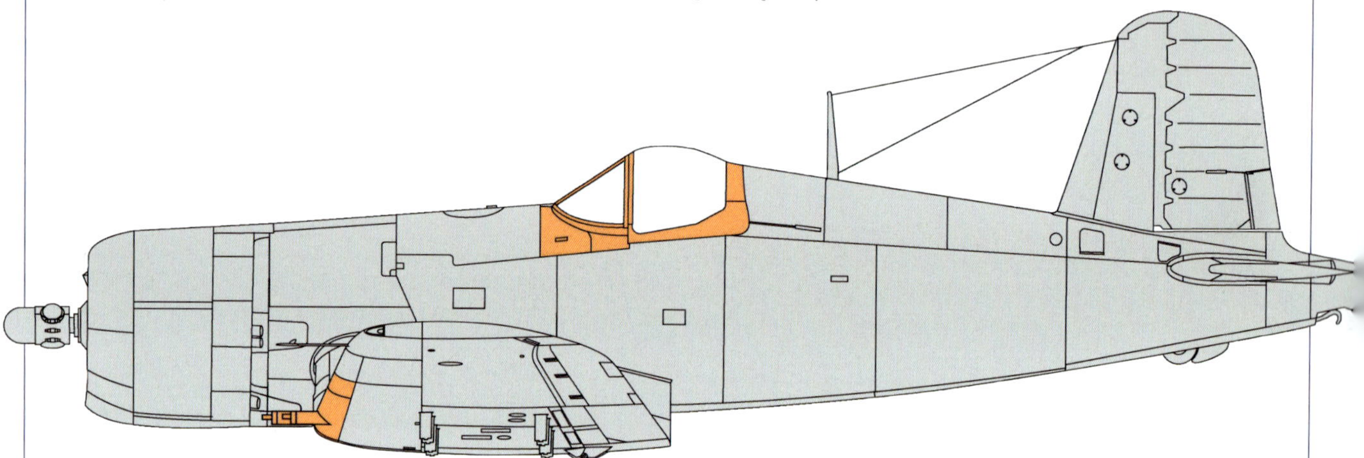

F4U-4B. Version armée de quatre canons de 20 mm en lieu et place des six mitrailleuses de 12,7 mm. Cette configuration d'armement alaire sera désormais adoptée pour toutes les versions de Corsair ultérieures, la combinaison de six mitrailleuses étant définitivement abandonnée. Le pare-brise devient plat et blindé, entraînant un nouveau dessin de la verrière qui voit également sa « casquette » blindée supprimée.

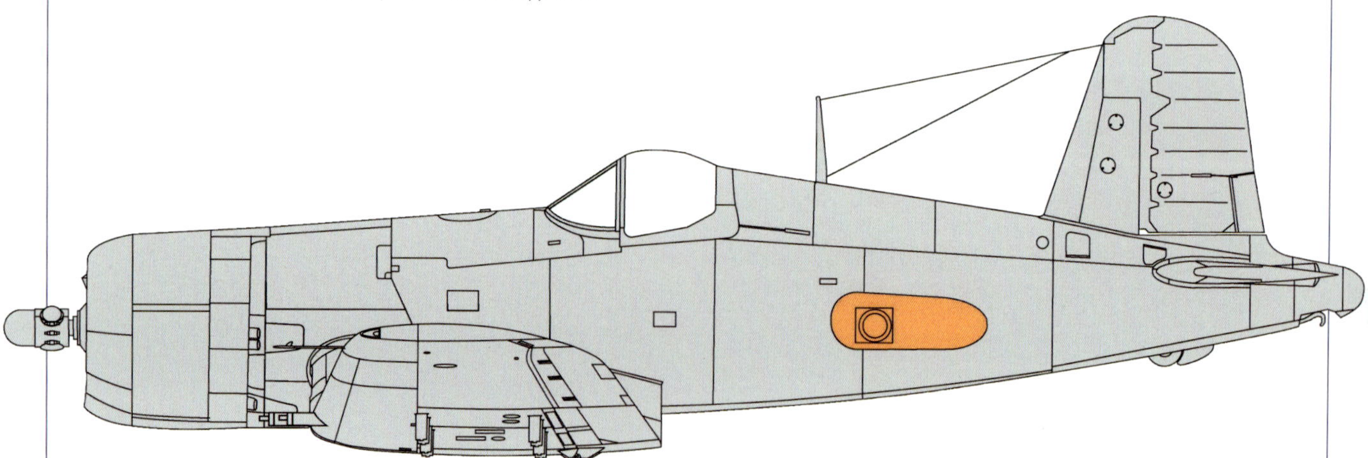

F4U-4P. Version de reconnaissance photographique. Deux appareils de prise de vues sont installés, l'un sous le fuselage et l'autre sur le côté gauche de ce dernier. Contrairement à de nombreux avions dédiés à la reconnaissance, le Corsair conserve ses armes. Sa production (9 à 12 exemplaires, selon les sources) demeure anecdotique.

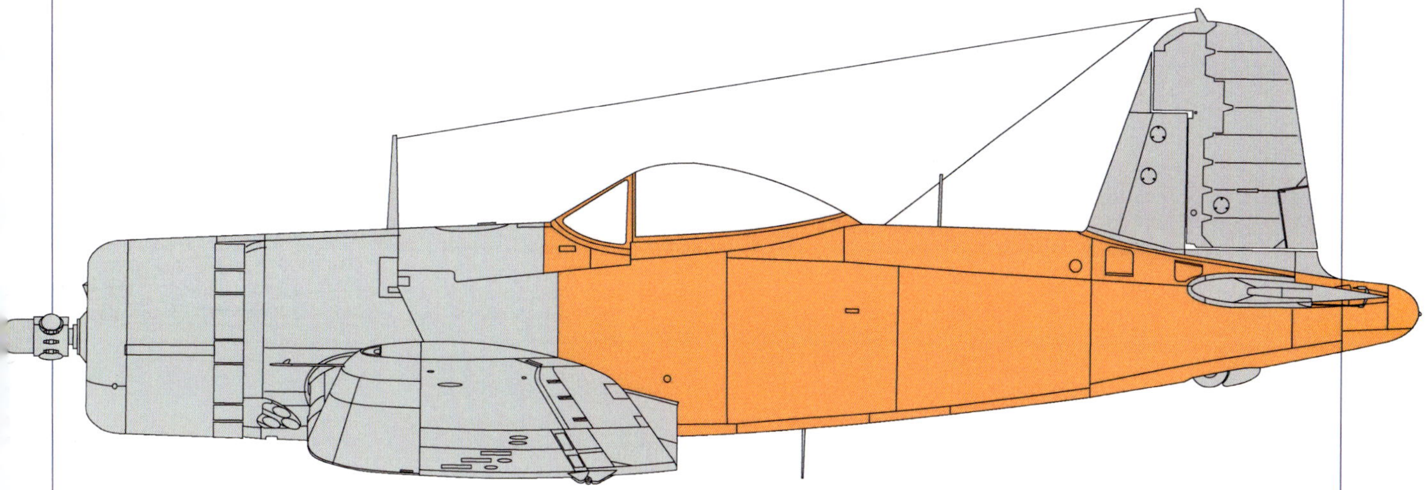

FG-1A. Première version d'un Corsair totalement redessiné dans le cadre du projet XF2G, prévoyant l'utilisation du puissant Pratt et Whitney R-4360 de 28 cylindres. La verrière provient d'un P-47D et le moteur est encore, à ce stade des essais, le classique Pratt & Whitney R-2800 animant une hélice tripale.

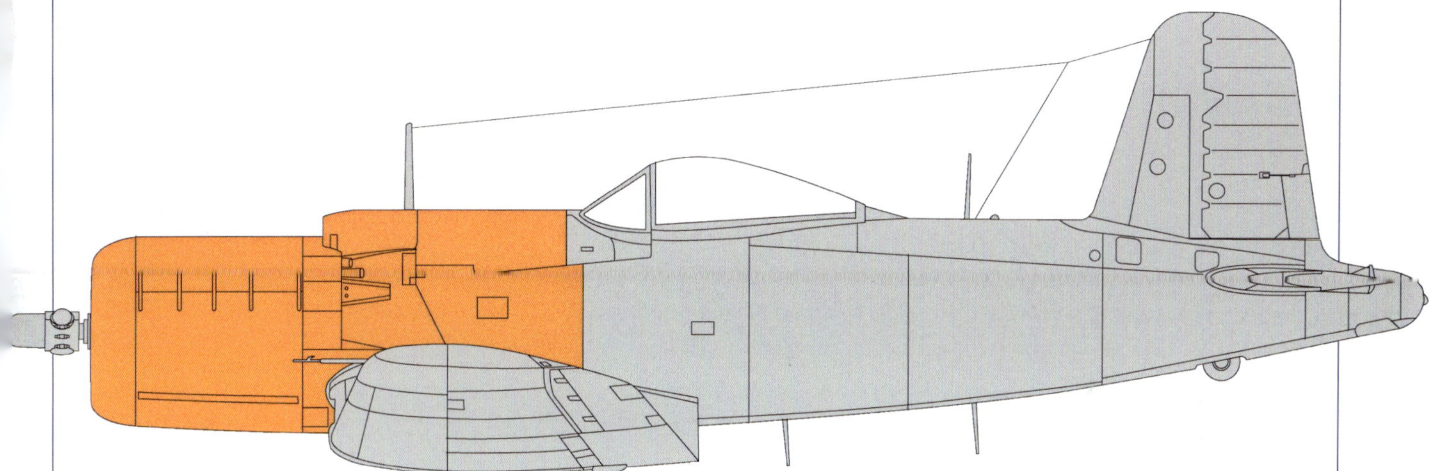

F2-G. Début de production. Le nouveau dessin de la cellule ayant été adopté, le moteur P&W R-4360 développant 3 000 CV est enfin greffé. Un tout nouveau Corsair est né, mais ses performances sont encore loin de donner satisfaction.

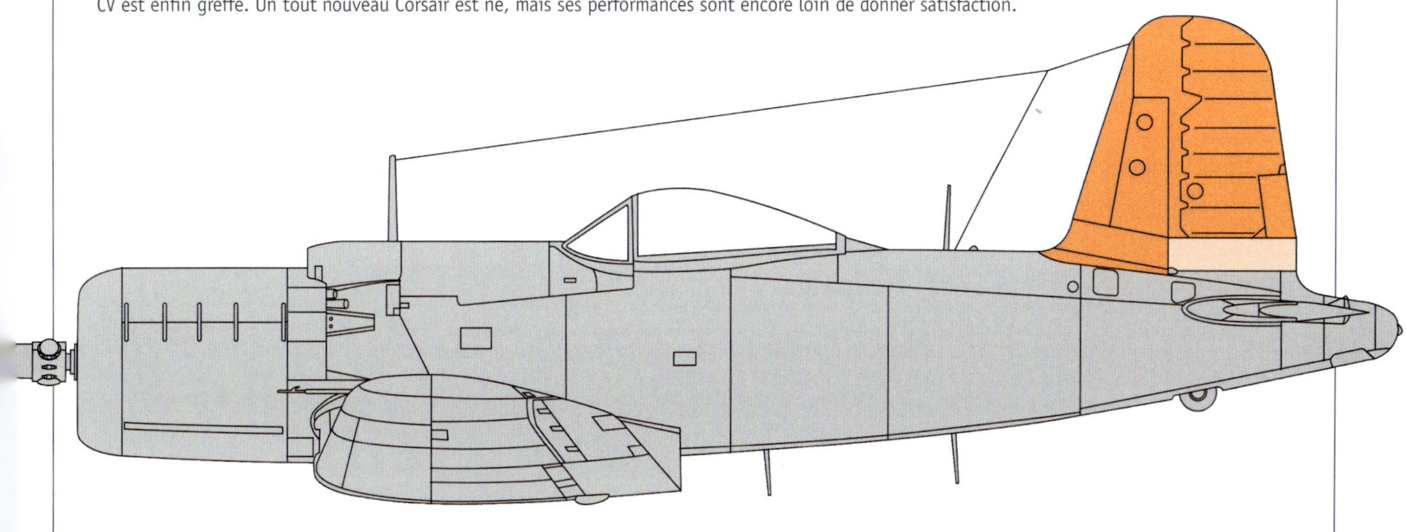

F2-G. Afin de pallier les problèmes de stabilité en vol et une fâcheuse tendance à embarquer lors des décollages à plein régime, la dérive et le gouvernail sont modifiés, l'ensemble étant ainsi rehaussé et agrémenté d'une gouverne supplémentaire de compensation. Malgré cette modification d'importance, et de nombreux essais supplémentaires, les performances restent en deçà de celles requises par le cahier des charges, et le fabricant Goodyear mettra rapidement fin à la production.

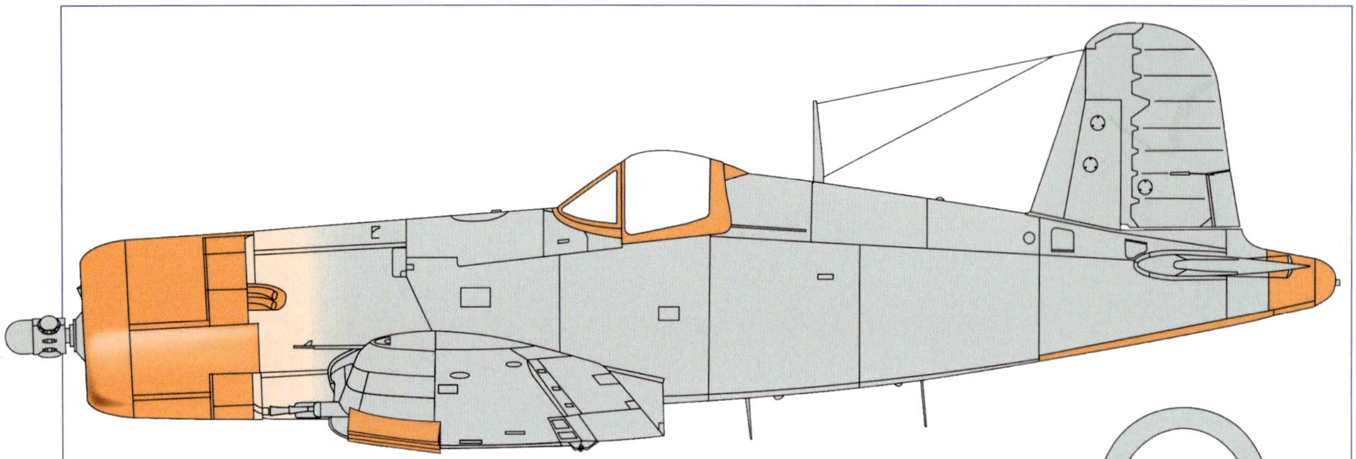

F4U-5. À partir de cette version, la longueur des Corsair change pour augmenter d'approximativement 25 cm, suite à l'installation du moteur de 2 300 CV plus encombrant. Cette motorisation est inclinée de 2,75 degrés par rapport à l'axe horizontal de l'avion. La forme du capot change avec l'adjonction de deux prises d'air. La verrière est agrandie et rehaussée, quatre pylônes d'emport de charge sont placés sous chaque aile et la roulette de queue devient complètement escamotable.

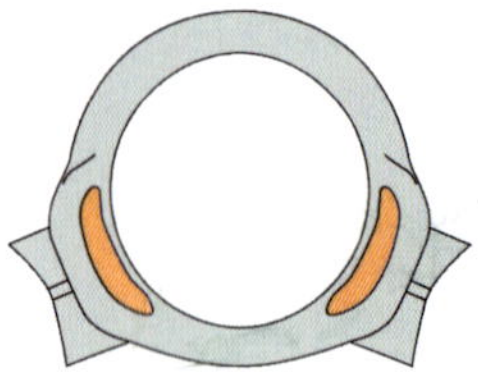

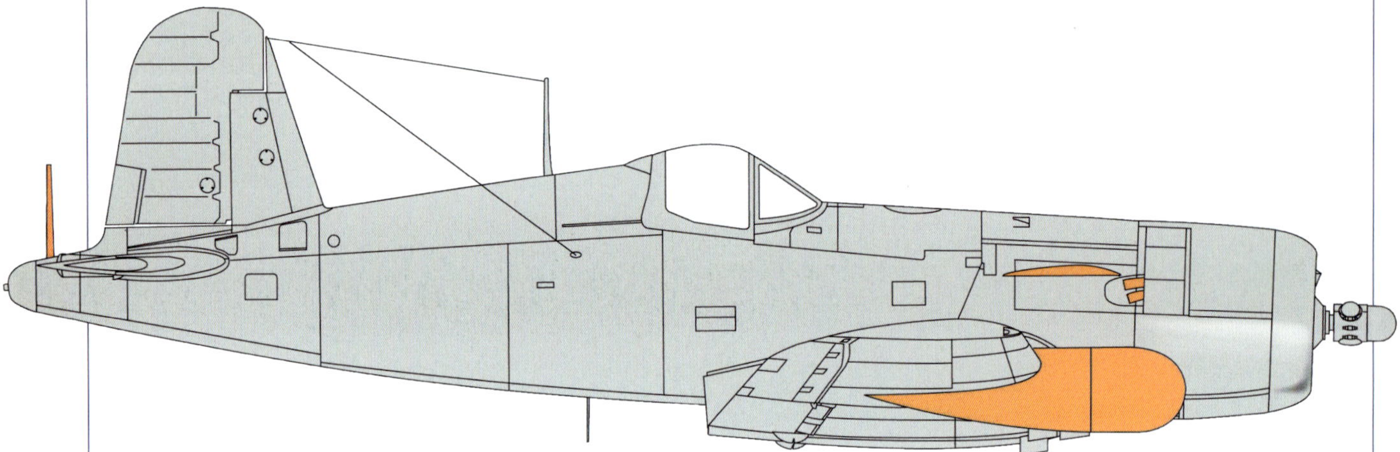

F4U-5N. Version de chasse de nuit, avec installation d'un radar AN/APS-19 sur l'aile droite. Des cache-flammes sont ajoutés au-dessus des échappements pour éviter l'éblouissement du pilote. Un mât d'antenne supplémentaire prend place sur la pointe arrière du fuselage.

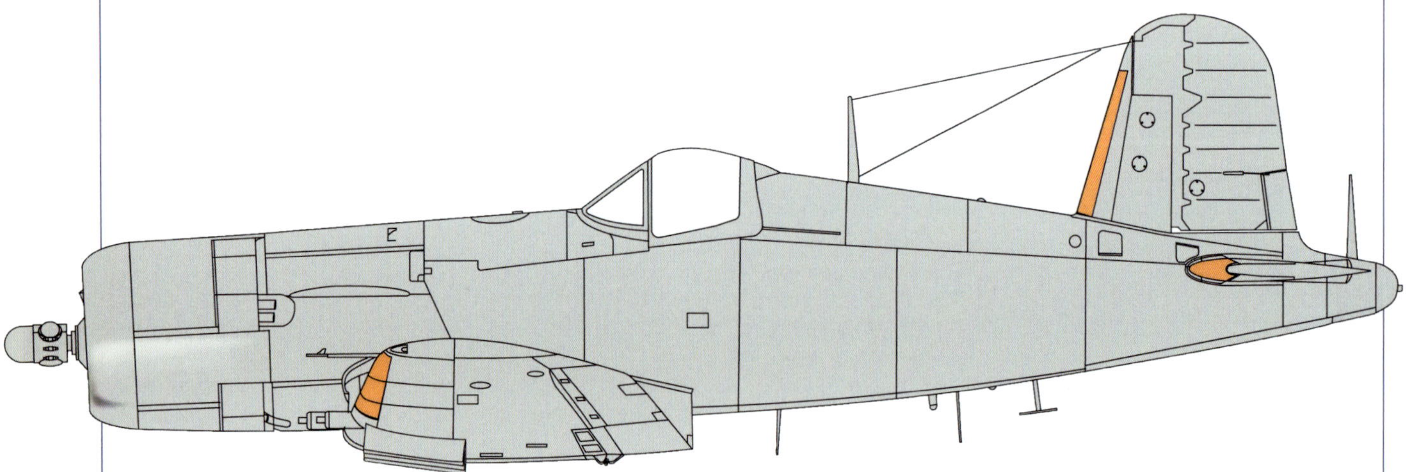

F4U-5NL. Les effroyables conditions atmosphériques des hivers coréens requirent une version optimisée, « Winterized », du F4U-5N, avec l'installation de dégivreurs (De-Icer Boots) sur le bord d'attaque des ailes, de l'empennage horizontal et du plan fixe de la dérive.

F4U-5P. Version de reconnaissance photographique. Trois fenêtres de prise de vues sont installées : une sous le fuselage, et les deux autres de chaque côté de ce dernier. Les fenêtres disposent de trappes coulissantes protégeant les vitres des éventuelles projections susceptibles de nuire au cliché. Des prolongateurs de sorties d'échappement sont également installés pour limiter également les projections d'hydrocarbures. Le carénage dans le plan fixe de la dérive renferme un compas magnétique.

AU-1. Version d'attaque au sol directement extrapolée du F4U-5. L'installation d'un moteur à compresseur à simple étage entraîne une modification du capot, les entrées d'air devenant superflues et obturées. Un cinquième pylône d'emport de charges est ajouté sous chaque aile. Les sorties d'échappement occupent une position basse, comme sur le F4U-4. Deux nouveaux mâts d'antenne font leur apparition sur le dos de l'appareil.

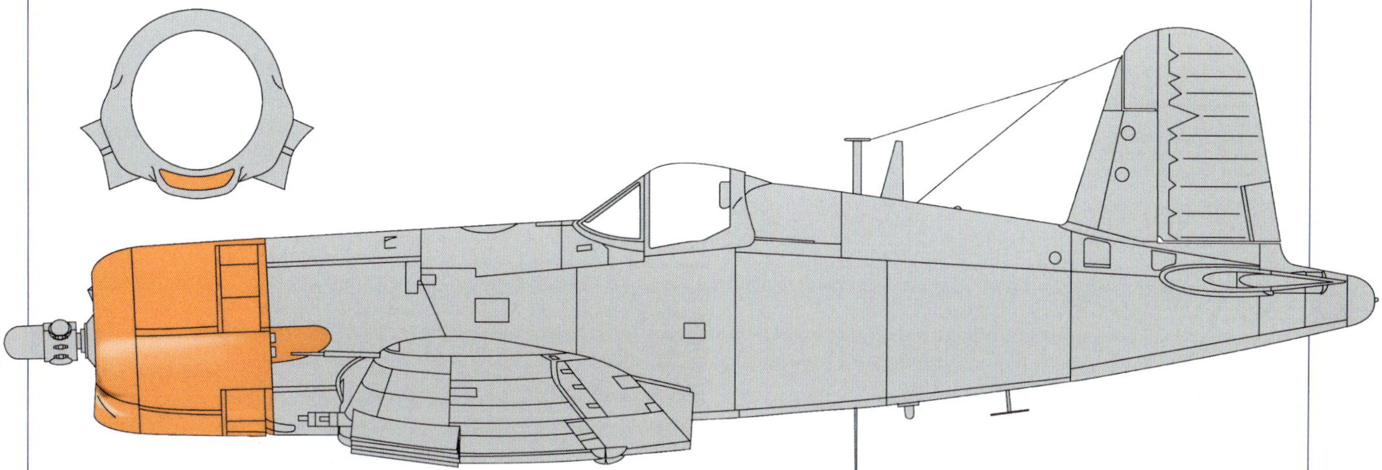

F4U-7. Version hybride uniquement destinée à l'Aéronavale française. La cellule est en tous points semblable à celle de l'AU-1, alors que le moteur à compresseur à double étage est emprunté à la version F4U-4 de dernière génération. Cette greffe d'un moteur performant tant à basse qu'à haute altitude entraîne une modification du capot, qui reçoit ainsi une large entrée d'air sur la partie inférieure de l'anneau frontal.

2. Les cocardes

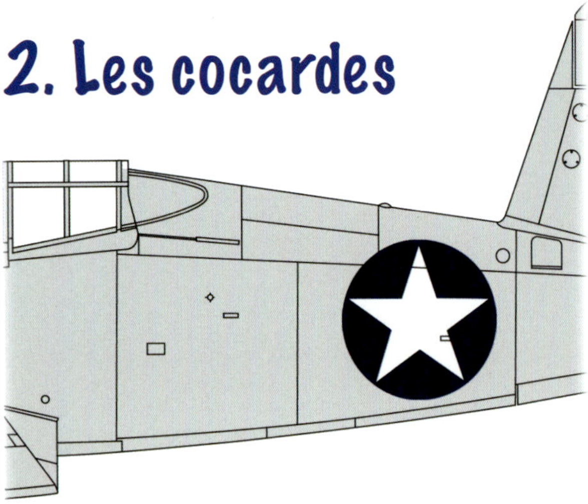

1

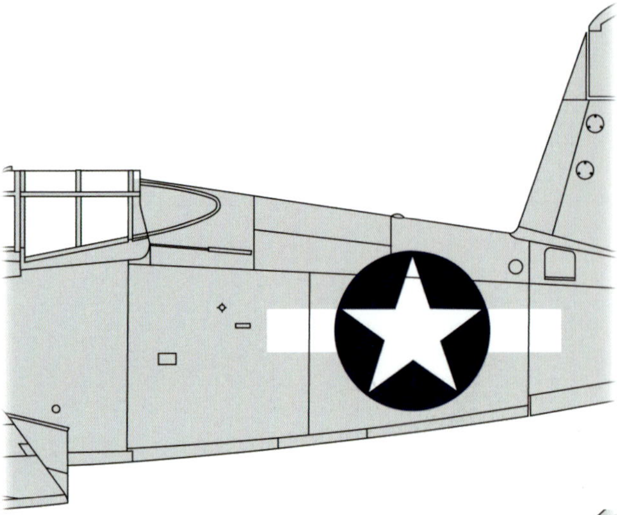

2

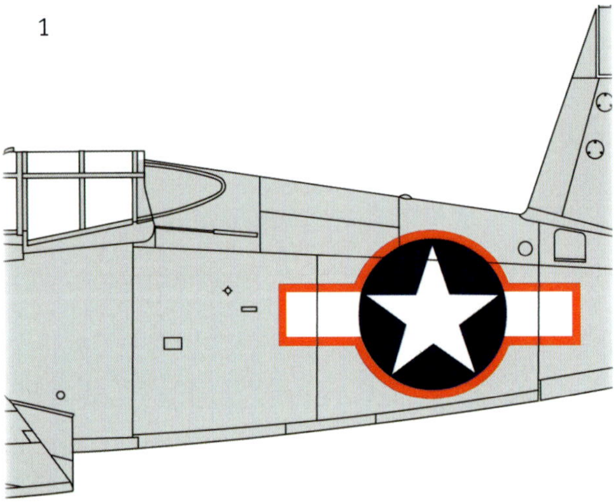

3

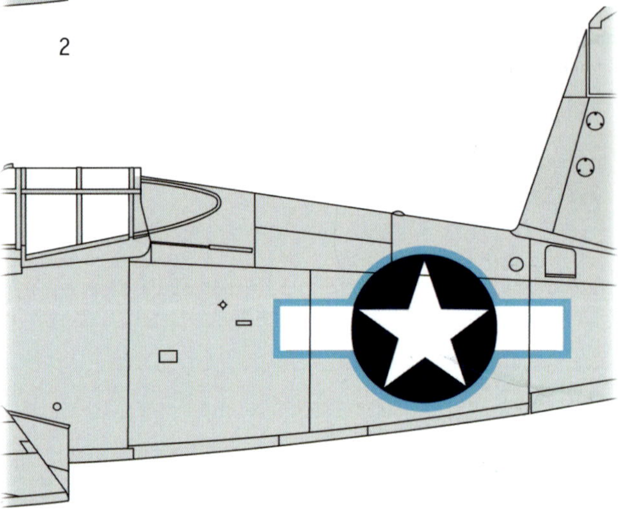

4

5

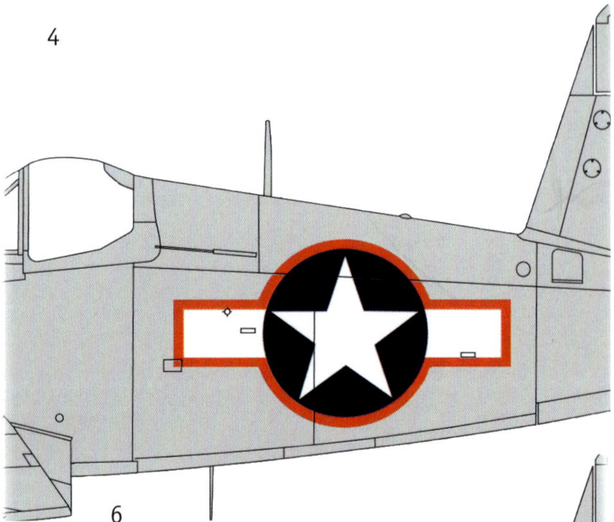

6

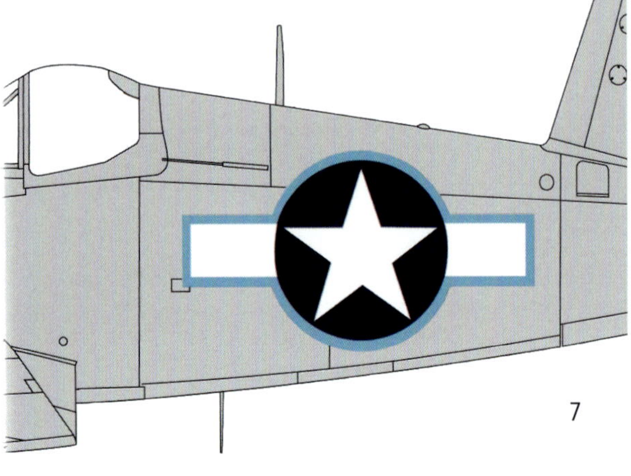

7

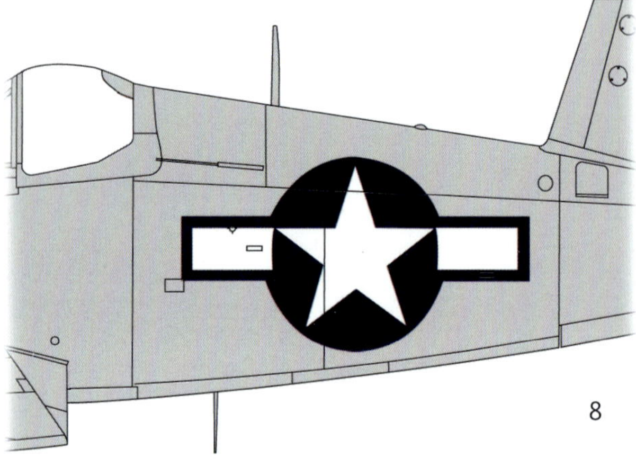

8

Corsair F4U-1 « Birdcage »

1. L'étoile blanche sur fond bleu fut le premier marquage de nationalité porté par le Corsair F4U, très en arrière sur le fuselage. Elle était alors présente en six points : sur et sous les ailes et de part et d'autre du fuselage.

2. Le marquage circulaire pouvant prêter à confusion avec l'insigne japonais lors de la quête d'identification à longue distance ou en combat aérien, il fut décidé d'ajouter un rectangle blanc de part et d'autre du disque pour accélérer la reconnaissance visuelle. Ces « bars » furent réalisées sur le terrain.

3. Une nouvelle directive observée de juin à août 1943 imposa l'adoption définitive des barres blanches, l'ensemble du marquage étant liseré de rouge. Le positionnement en quatre points entra en vigueur, mais ne fut que très rarement appliqué aux Birdcage. Toutes ces modifications, souvent laissées au bon plaisir des mécaniciens, se traduisirent sur le terrain par des marquages différents, voire fantaisistes, d'un appareil à l'autre.

4. La couleur rouge s'avérant un choix peu judicieux puisque cette teinte était celle des marquages de l'ennemi, il fut demandé aux mécaniciens de terrain de repeindre temporairement le pourtour des cocardes dans un coloris gris-bleu clair, un mélange sans doute composé à partir de couleurs plus ou moins disponibles, ce qui expliquerait l'observation de certaines nuances.

5. Le choix définitif de la couleur du marquage des appareils américains, à partir d'août 1943, se caractérisera par l'intégralité du disque et son pourtour peints en bleu insignia blue. Les photographies prouvent que très peu de « Birdcage » adoptèrent la nouvelle cocarde insignia blue, et encore plus son positionnement en quatre points.

Corsair F4U-1 « Bubble » et F4U-1D

6. Arrivé au cours de l'année 1943, le F4U-1 « à bulle » fut paré, dès son assemblage en usine, des insignes à barres blanches et pourtour rouge portés en quatre points, selon la configuration alors en vigueur.
7. Durant une période de transition éphémère et à l'instar des « Birdcage », le pourtour rouge des insignes de cette nouvelle version de F4U-1 sera recouvert d'une peinture gris-bleu clair hâtivement appliquée sur le terrain.

8. Comme dit plus haut, après de nombreux essais et hésitations une nouvelle directive impose en août 1943 l'adoption définitive de la couleur insignia blue pour l'intégralité du disque et le pourtour des barres. Cette directive perdurera jusqu'au printemps 1947.
Le 13 mars 1944, un nouvel amendement introduit la teinte de camouflage monochrome bleu marine glossy sea blue, les premiers Corsair dotés de cette nouvelle livrée étant la version F4U-1D et ce changement intervenant en cours de production.

Corsair F4U-4

9. Apparus à la fin de la Seconde Guerre mondiale, les F4U-4 arborent logiquement le camouflage monochrome glossy sea blue introduit en mars 1944, ainsi que la cocarde peinte insignia blue, suivant la directive d'août 1943.

10. À partir du 15 mai 1947, un énième amendement stipule que les appareils des forces aériennes américaines adopteront une barre rouge dans les rectangles blancs de la cocarde. Le fond de l'étoile, ainsi que le pourtour des barres de couleur insignia blue sont pour l'instant conservés.

11. Le disque de l'étoile et le pourtour de la cocarde traités en insignia blue sont progressivement abandonnés, l'étoile et les barres étant désormais peints directement sur le fond glossy sea blue de l'appareil.

12. Les F4U-4 opérant en Corée, à quelques exceptions près, voient leurs insignes de nationalité portés plus en avant sur le fuselage, les inscriptions blanches « Marines » mais également « Navy » devenant de plus en plus imposantes.

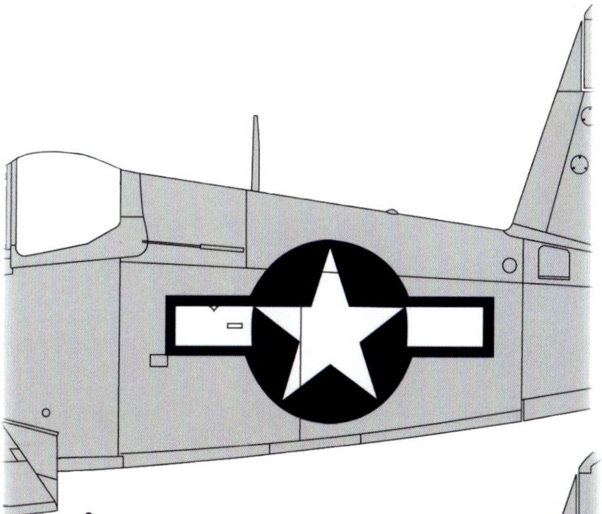

9

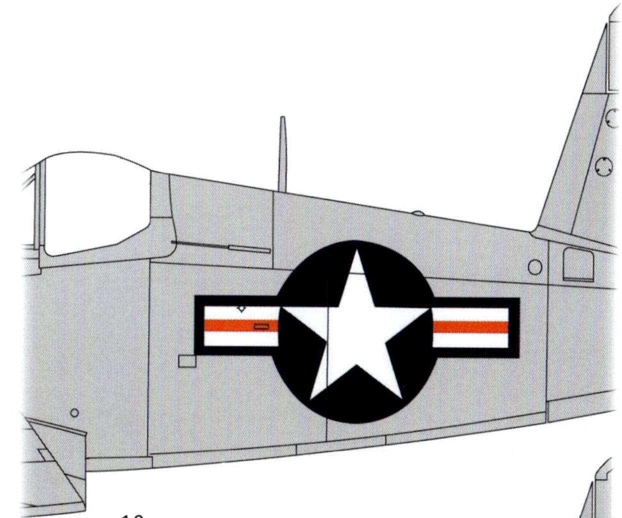

10

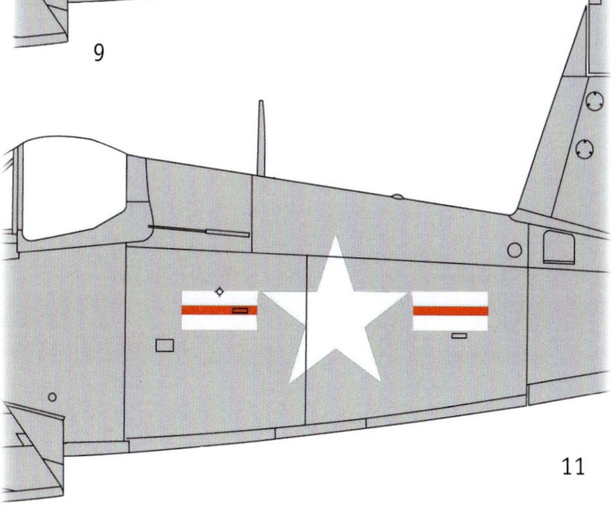

11

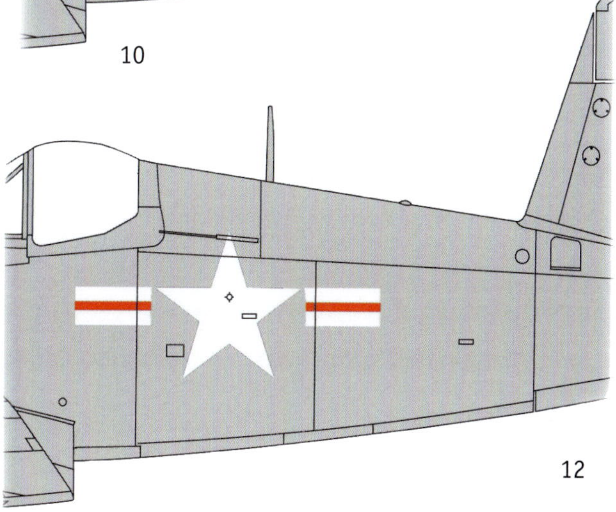

12

13

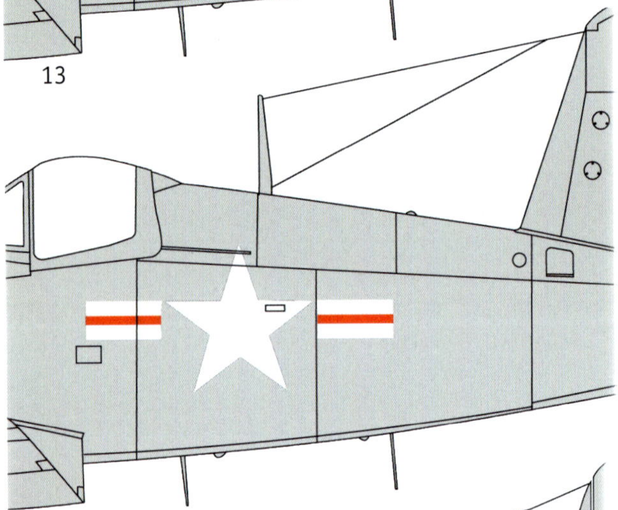

15

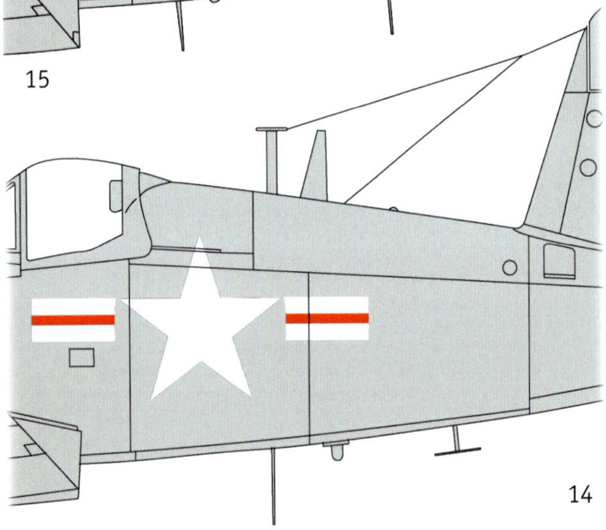

14

Corsair F4U-5 et AU-1

13. En début de production, les F4U-5 auront leurs cocardes classiquement centrées sur le fuselage, comme sur le F4U-4 de début de série. Cette configuration durera très peu de temps, mais persistera pour les modèles F4U-5P de reconnaissance.

14. En cours de production, notamment durant la guerre de Corée et à l'instar des F4U-4, l'étoile des F4U-5 va être déplacée plus vers l'avant. Curieusement, l'observation des photographies permet de relever des disparités concernant ce nouvel emplacement susceptible de varier de quelques centimètres d'un appareil à l'autre.

15. La version AU-1, directement extrapolée du F4U-5, aura l'insigne de nationalité déplacé vers l'avant dès son entrée en production. En revanche, et contrairement au « Dash 5 » sur lequel on a pu observer certaines disparités, les barres de l'AU-1 sont toujours alignées sur le montant de la verrière.

3. Les camouflages

1. La première livrée opérationnelle du F4U-1 « Birdcage » était composée de deux tons : bleu-gris *non specular blue grey* M-485 pour les surfaces supérieures et gris clair *non specular light grey* M-495 pour les surfaces inférieures. Le dessous de la partie repliable des ailes, considéré comme une surface supérieureen configuration relevée, était peint en bleu-gris *non specular blue grey*.

2. Le 5 janvier 1943 marque l'introduction du schéma de camouflage trois tons : bleu de mer *non specular sea blue* ANA 607 pour les surfaces supérieures ; bleu intermédiaire *non specular intermediate blue* ANA 608 pour les surfaces verticales, la dérive, la moitié inférieure des flancs et le dessous de la partie inférieure repliable de l'aile ; et blanc *non specular insignia white* pour les surfaces inférieures.

3. Le F4U-1 modifié avec une verrière « Bubble » ne revêtira que le camouflage trois tons *non specular sea blue, non specular intermediate blue* et *non specular insignia white*. Les premiers lots de son successeur, le F4U-1D, conserveront cette livrée tricolore. À noter que chez les appareils assemblés dans les usines Goodyear (FG1-D) la délimitation entre les couleurs diffère légèrement, la teinte du dessus descendant très bas sur les flancs.

4. Le 13 mars 1944 coïncide avec l'introduction du schéma de camouflage monochrome. Le coloris bleu de mer *glossy sea blue* ANA 623 est appliqué sur l'intégralité des surfaces. Les premiers Corsair à le recevoir furent les F4U-1D dans leur version modifiée pour le bombardement et l'attaque au sol. Cette livrée sera le schéma de camouflage opérationnel définitif de toutes les versions de Corsair à venir, les F4U-5 et AU-1 recevant en plus, sur le dessus du fuselage, un panneau antireflet bleu moyen mat. À noter qu'à partir de 1955 quelques « survivants », pour la plupart des AU-1, reçurent la nouvelle livrée de l'aéronavale américaine *light gull grey* et *white*, mais vu le faible nombre d'appareils concernés, cette dernière demeure anecdotique.

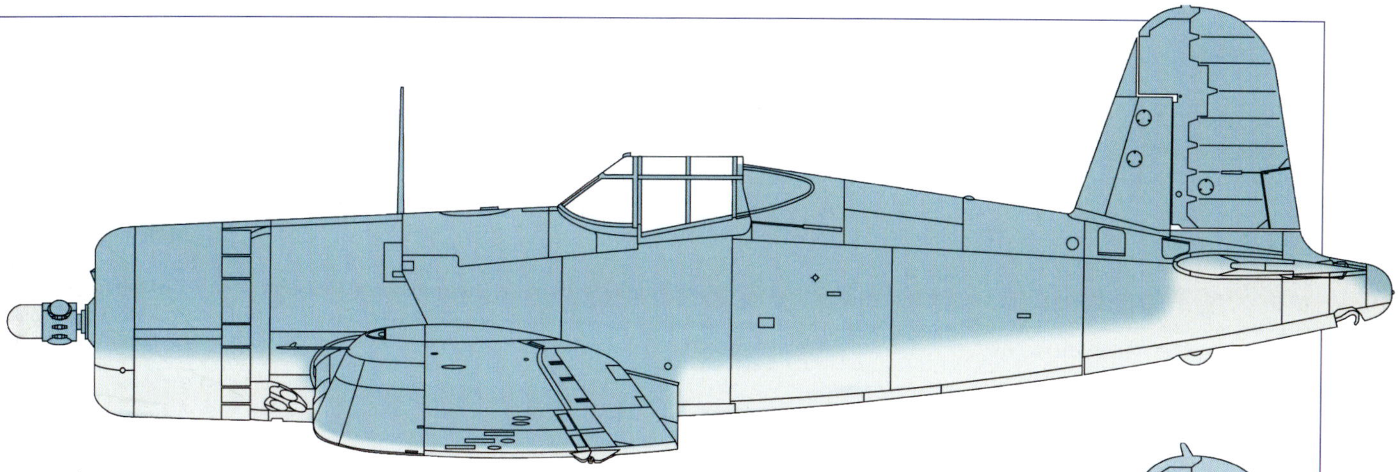

1

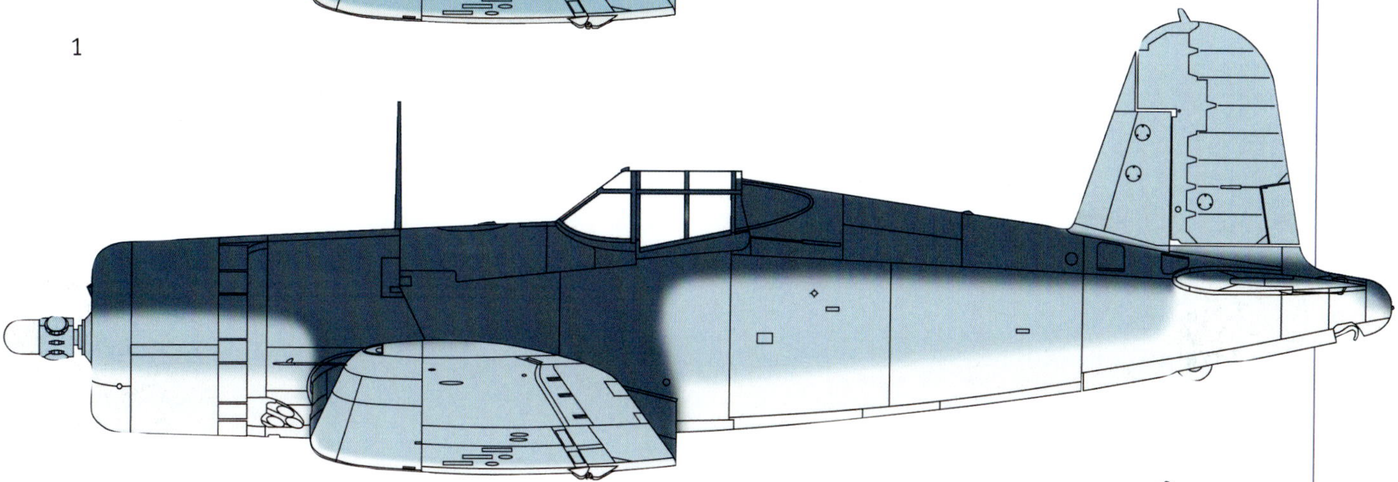

2

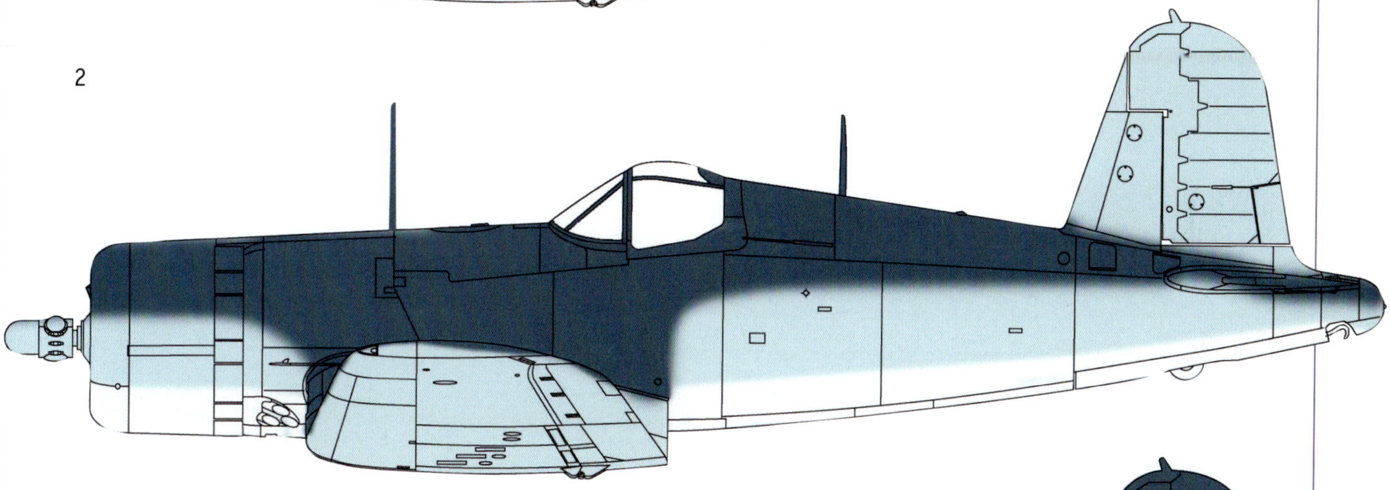

3

4

Remerciements

L'auteur tient à remercier tout particulièrement Jean-Marie Mongin pour la composition aérée et résolument moderne de cet ouvrage ; Nicholas Gohin, qui semble avoir survécu à mon intransigeance et ma rigueur ; Cécile Breffort, pour la relecture et bien souvent la réécriture du manuscrit et des légendes ; et enfin, messieurs Sébastien Guillemin et Thierry Quitard, pour le prêt gracieux de photos inédites de notre aéronavale.

Table des matières

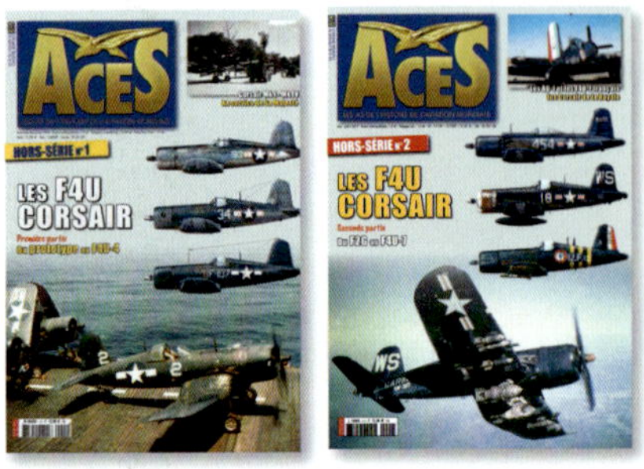

Les 185 profils de cet ouvrage ont été dessinées par Nicholas Gohin.
Le texte et les légendes sont de Bruno Pautigny
Conception, maquette et mise en pages de Jean-Marie Mongin & Jean-Baptiste Mongin.
Couverture de Jean-Marie Mongin pour les *Éditions Heimdal.*
La photographie de couverture représentant un F4U-7 de la Flottille 14F est la propriété de Monsieur Yves Collin. (droits réservés)

Éditions Heimdal BP 61350 - 14406 Bayeux CEDEX
Téléphone : 02 31 51 68 68 - Fax : 02 31 51 68 60.
www.editions-heimdal.fr

Cet ouvrage a déjà été publié sous la forme des premier et deuxième numéros des hors-séries de la revue AceS – *Les As de l'histoire de l'aviation mondiale* – en novembre 2018 et en mai 2019 pour le compte des *Éditions Heimdal.*

ISBN 978-284048-475-2

Achevé d'imprimer en juillet 2019
sur les presses de l'imprimerie *Monterreina (Espagne)* pour le compte des *Éditions Heimdal*
Georges Bernage, éditeur.

B
207
207